文庫

これは便利！

フライパンひとつで77の裏ワザ

検見﨑聡美

青春出版社

フライパンひとつで、ここまでできる！

フライパンといえば、どんなご家庭にも必ずひとつはある調理器具。野菜を炒めたり、肉を焼くときなどに、毎日のように活躍しているはずです。

でも、実はフライパンには、それ以外にもいろいろな使い道があるのをご存じでしょうか。ちょっと工夫するだけで、蒸し料理やオーブン料理はもちろん、燻製を作ったり、スポンジケーキを焼くことだって、できてしまうのです。

本書では、そんなフライパンひとつでできる便利な裏ワザを77通りも集めました。その中には、茶わん蒸しやとんかつ、ローストビーフ、パンやチーズケーキなど、「フライパンではとても無理」と思われていた料理もたくさん紹介しています。しかも、どれもフライパンひとつでできるので、オーブンや魚焼きグリル、蒸し器などを使ったときに比べて、手軽で、後片づけもぐっとラクになるものばかりです。

さらに、目玉焼きや炒飯など、フライパンの定番料理がいっそうおいしくなるコツも紹介しています。毎日の料理が手軽に楽しく、幅広くなること請け合いです！

フライパンひとつで77の裏ワザ もくじ

part 2　こんな料理も作れる驚きのフライパン使い

焼豚　手軽に少量作りたいときは、フライパンの出番です……50
北京ダック風　フライパンに溶け出した鶏の脂が、皮をパリッと仕上げるポイント……52
ホットサンド　落とし蓋で押しつけながら焼けば、サンドメーカーいらず……54
焼きそら豆　フタをしてサヤごと10分ほど焼けば、ホクホクのできあがり……57
焼きとうもろこし　ゆでたり蒸したりする手間をかけずに、
ほくほくで香ばしい仕上がり！……59
焼きいも　アルミホイルで包んでフタをして、弱火で40分でほくほくに……62
かつおのたたき　それぞれの面を40秒ずつ、こんがり焼きつける……64
焼き鳥　フライパンを使えば、竹串が焦げないし、均一に火が通る……66
とんかつ　とんかつは、口径の広いフライパンがいちばん揚げやすい！……68
かき揚げ　うまくまとまらないかき揚げも、フライパンならきれいにまとまる……70
油淋鶏　フライパンなら、もも肉1枚を切らずに揚げられる……73
魚の姿揚げ　魚は裏返す必要なし。身はふっくら、皮はパリッと仕上げるコツ……76
蒸し鶏　レンジより、しっとりおいしい。
フタをしたままゆで汁ごと冷ますのがポイント……78

きのこのホイル蒸し
ホイルに包んでフライパンで5分！
ホイルがふくらんだらできあがり …… 81

たいの姿蒸し
オーブンシートを敷いて、蒸し器いらず&盛りつけ上手 …… 84

茶わん蒸し
深めのフライパン＋ドーム型のフタで、蒸し器がなくても大丈夫 …… 87

スペアリブの豆豉蒸し
縁がある鉢ごと蒸して、完成したらそのまま食卓へ …… 90

きんめだいの煮つけ
フライパンなら、臭みが抜け、煮崩れせず、
煮汁がこってりと、いいことずくめ …… 92

もつの煮込み
フライパン全体から立ち上る水蒸気と一緒に不快な臭みもとんでいく …… 94

ひじきの煮物
炒めて煮詰める、フライパンは和のお惣菜作りにも最適 …… 96

牛肉のしぐれ煮
底辺の広いフライパンの特徴を利用して、手早く煮からめる …… 98

オニオングラタンスープ風
オーブンを使わずに再現！
フライパンで作る裏ワザレシピ …… 100

カレーピラフ
炒める、炊く、蒸らすが、すべてひとつのフライパンで …… 103

パエリア
炒めて、煮て、炊いて、そのまま食卓へ。たった15分ほどでできあがり …… 106

梅おこわ
赤飯作りを応用して、うっすらピンク色のおこわを …… 108

中華粥 中火で米を躍らせながら煮詰めていくので、フライパンが最適……110

石焼き風ビビンバ フライパンが石鍋代わりに。おこげを作る、ちょっとしたひと手間…112

焼きおにぎり こんがりと焼いてから、しょうゆをぬって焼く……114

part 3 パンやスイーツも作れる驚きのフライパン使い

ベイクドチーズケーキ オーブンシートの2枚使いで、オーブンに負けない仕上がりに…116

バームクーヘン きれいに焼くコツは、濡れぶきんでフライパンの底を冷やしながら…118

スポンジケーキ なんと、スポンジケーキも！　焼き網づかいがポイント……121

シナモンロール 甘い香りのシナモンロールもフライパンで。この方法でパンだって焼ける！……124

カスタードプリン カラメル作りも、蒸して仕上げるのもフライパンで……126

ヨーグルトマフィン 生地を入れたアルミカップを直接フライパンに入れて、蒸すこと20分……128

焼きりんご キャラメルがカリカリと楽しい焼きりんごがフライパンひとつで……130

パルミエ 冷凍パイシートとフライパンで、ハート型のサクサク焼き菓子が …… 132

リーフパイ 木の葉型のおなじみの焼き菓子も、冷凍パイシートとフライパンで …… 134

ポップコーン フタをしてはじけはじめたら、フライパンをゆすって全体に火をあてる …… 136

キャラメルポップコーン キャラメルがとろりとできたら、ポップコーンを加えてからめるだけ …… 138

チュロス 細長いチュロス作りには、フライパンが最適 …… 140

ナン 小ぶりなサイズなら家庭でも焼きたてが手軽に味わえる …… 142

チャパティ ナン同様に、インドの薄焼きパンも、フライパンで簡単! …… 144

ピタパン 中近東で食べられている薄焼きパンもフライパンで …… 146

ピザ 最大の特徴は、先に生地を両面焼いてから具をのせること! …… 148

part 4 料理の腕がどんどん上がるフライパン使い

炒飯 フライパンでパラパラ炒飯を作るには、「強火で手早く」はNG …… 150

青菜炒め 熱湯少々と、炒め過ぎないのが、水っぽくならないコツ …… 153

ねぎ焼きそば めんはあまりいじらずこんがりと。炒め過ぎはめんがベタつく原因に …… 156

麻婆豆腐 水溶き片栗粉は火を止めて加える——が、ダマにならない鉄則 …… 158

トマトと卵の炒め物 「中華は強火」は忘れる。中火で炒めて、むやみに慌てなくていい …… 160

チヂミ 油を熱したフライパンは、一度火からはずして生地を入れる …… 162

パスタ ソースにパスタを合わせるときは、火を止めてから …… 164

ペペロンチーノ にんにくが焦げそうになったら、フライパンを濡れぶきんにとって待機 …… 165

ミートソース 材料や調味料は、加えるたびにしっかりと炒め合わせる …… 168

きのこのマリネ こんがり焼けたら、水が出はじめるサイン。強火で水分をとばすこと …… 170

目玉焼き 目玉焼きを焼くとき、水を加えてフタをする…はNG! …… 172

スクランブルエッグ 底からまんべんなく手早く混ぜて、底を常に半熟状に保つ …… 174

チキンソテー 皮がこんがり焼けたら、裏返してフタをして中まで火を通す …… 177

しょうが焼き 肉は重ねない、動かさないが、おいしく焼き上げるポイント …… 180

魚の照り焼き 調味料を入れるのは、フライパンにたまった魚の脂を拭き取ってから …… *182*

炒り鶏 材料をひとつずつ炒めていって、最後にあおって照りをつける …… *184*

肉じゃが 肉を先に入れてうまみを引き出し、臭みをとばす …… *186*

パンケーキ ２枚目を焼くときは、フライパンを濡れぶきんにとって温度を下げる …… *188*

本書のレシピについて

＊1カップは２００㎖、大さじ1は15㎖、小さじ1は5㎖です。

＊フッ素樹脂加工のフライパンを使用しています。

イラスト……石川由以
本文デザイン…青木佐和子

フライパン選びは、ここに注目です

※目的にあった大きさのもの

大き過ぎると水分が蒸発しやすいので、煮詰まったり、水気が足りなくなったりする。

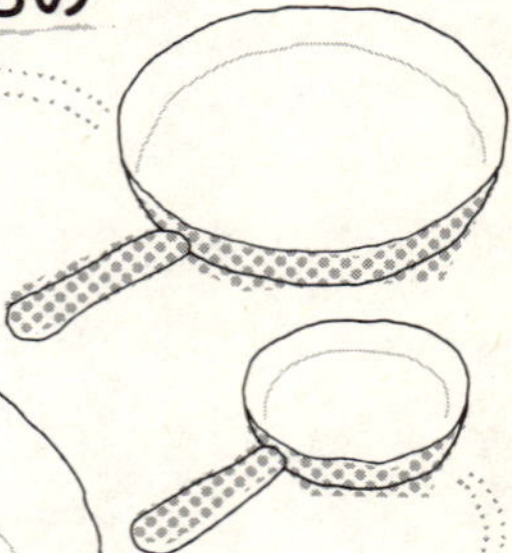

逆に小さ過ぎると、食材に平均的に熱があたらないので、火の入り方にムラが出る。

※厚手のもの

熱が蓄えられて、調理の途中で温度変化が少ないので、焼きムラになりにくい。

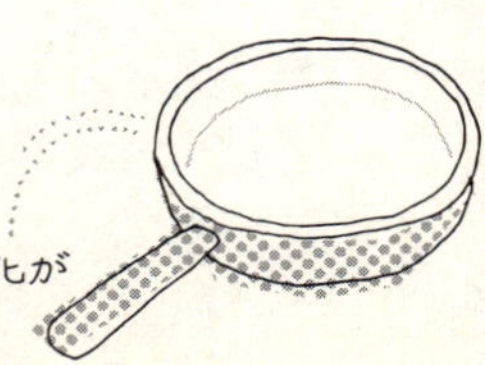

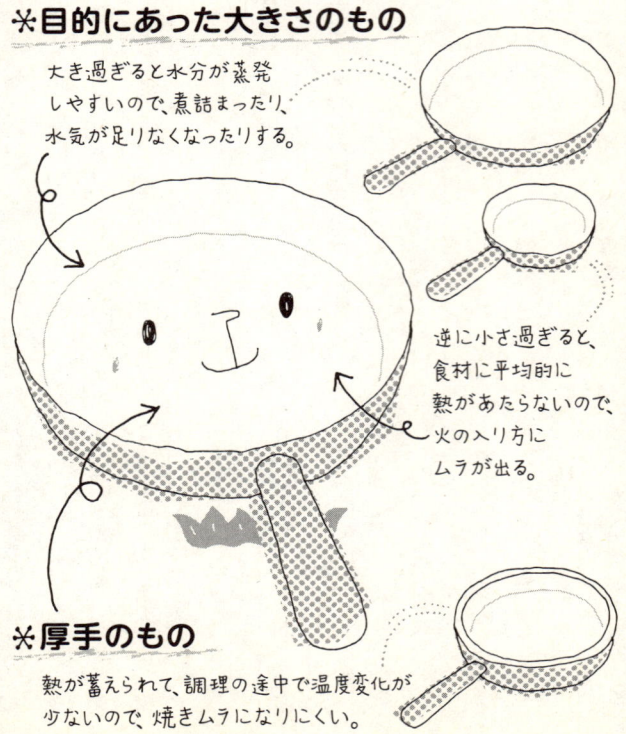

フタがあれば、フライパンはもっと楽しい

※平らなもの

- フライパンの中に熱を蓄えられる。
- お好み焼き、
  スパニッシュオムレツなど、
  大きなものを裏返すときに、
  一度フタにとって、フライパンに
  戻すという使い方ができる。

※ドーム状で高さがあるもの

- 高めの温度を保ちたい、
  長めに温度を保ちたいときに。
- 高さのあるものを
  調理するときに。

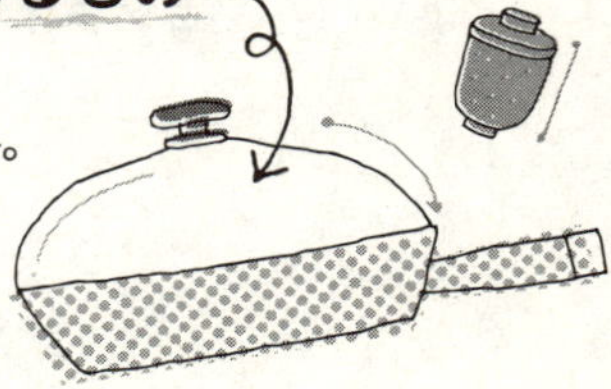

※落とし蓋

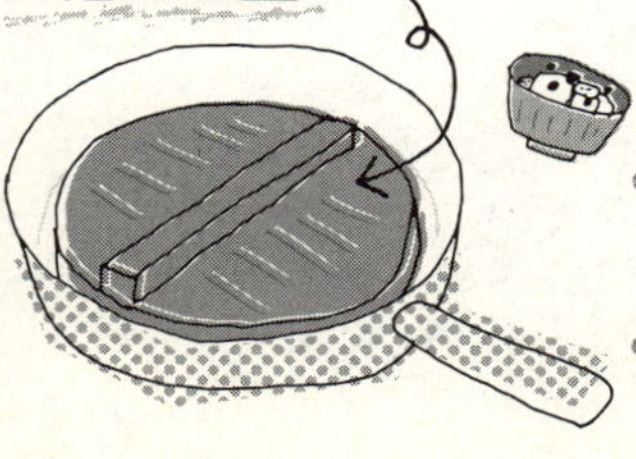

少ない煮汁で
煮ていくので。

- フライパンでの
  煮物作りに欠かせない。
- 食材をフライパンに押しつけて、
  焼き目をつけるときにも使える。

フライパンには、正しい使い方があります

＊調理する前に弱火でじっくり芯まで熱する

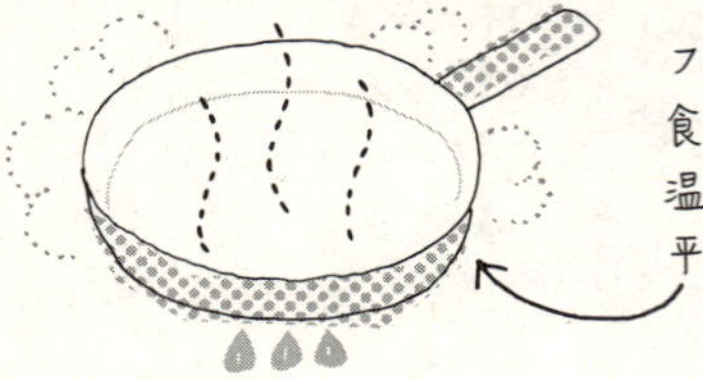

フライパンが熱を蓄え、
食材を入れたとき
温度が下がりづらく、
平均的に加熱することができる。

＊油は必ず熱したフライパンに入れて、なじませる

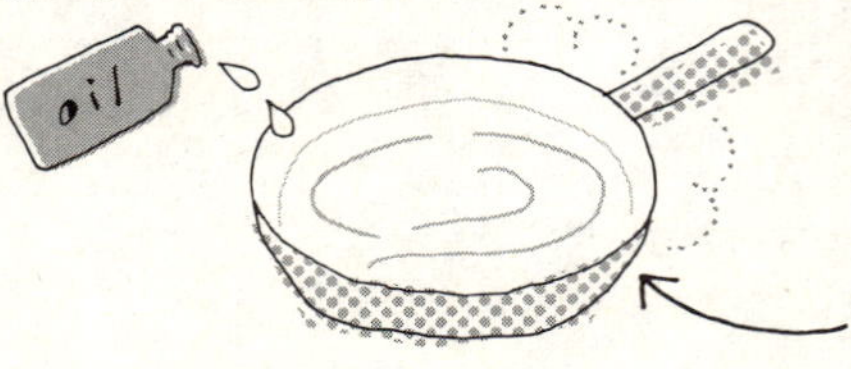

フライパンが
温まっていると、
油の粘度がとれて
スーッとのびるので、
ムラなく薄く広がる。

＊火加減の調整は早めに

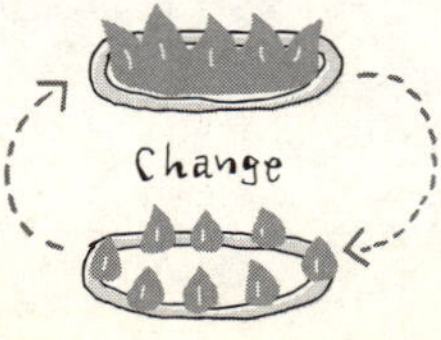

フライパンには余熱があるので、
火加減を変えてもすぐに
温度が上がったり下がったりしない。
フライパンの中の食材をよく観察し、
先を予測して早めのタイミングで対応する。

part
1

知ってるようで知らない
フライパン使い

ちょっと工夫するだけで、蒸す、揚げる、ローストする、煮る、炊く、解凍するなど、さまざまな調理法がフライパンでできる裏ワザを紹介します。

蒸す

フライパンに高台のある器をセットすれば、蒸し器いらず

水蒸気の熱を利用して調理する、蒸し料理。ヘルシーな調理法として注目されていますが、専用の蒸し器を持っていないご家庭も多く、持っていても、大きくて扱いづらい、洗い物が増えるといった理由から敬遠されがちです。

でも、器に肉や魚、野菜などを入れて、器ごと蒸してしまう料理なら、蒸し器がなくても大丈夫。大きめのフライパンとフタがあれば、上手に調理できてしまいます。

フライパンに高さ2センチ程度お湯を入れ、そこに直接器を置くので、器は高台のある高めのものを選びましょう。ふきんを1枚敷いてから器を入れれば、器のがたつきが防げます。あとは、水蒸気の水滴が器の中に落ちないように、もう1枚のふきんを挟むようにしてフタをするだけ。十分な水蒸気が出るように強火で蒸しましょう。沸騰した湯が器に入らない程度に、火加減は調節してください。

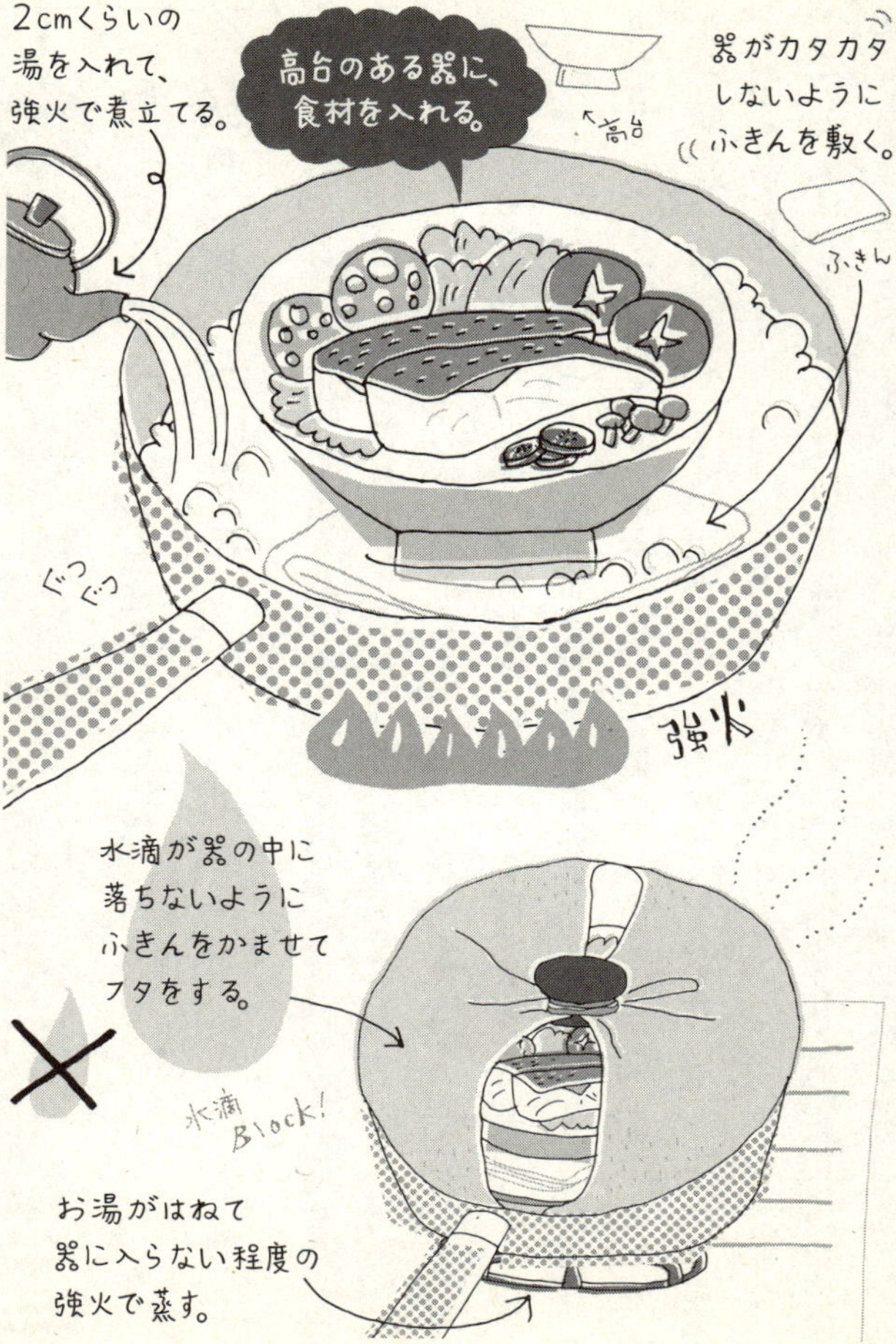
2cmくらいの
湯を入れて、
強火で煮立てる。
高台のある器に、
食材を入れる。
高台
器がカタカタ
しないように
ふきんを敷く。
ふきん
ぐつぐつ
強火
水滴が器の中に
落ちないように
ふきんをかませて
フタをする。
水滴
Block!
お湯がはねて
器に入らない程度の
強火で蒸す。

蒸す

セルクルや浅いザルを使っても、立派な蒸し器になる

実は、電子レンジなどでは上手く蒸し上がらない肉まんをはじめ、本格的な蒸し料理も、フライパンでふっくらおいしく蒸し上げることができます。

まず、セルクルか、浅めのザルを用意します。4~5センチ程度の空き缶でも代用できます。空き缶を使う場合は、フタと底をくりぬいておきます。

フライパンの中央にセルクルかザルを据え、鍋肌からお湯を注いで火にかけます。湯が煮立ったら、食材をのせた皿をザルの上に置いて、水蒸気の水滴が落ちないようにふきんを挟んでフタをします。湯が途中でなくなっていないか注意し、必要に応じて途中で湯を足してください。

この方法は、蒸し器とほぼ同じ状態がフライパンの中に作られるので、たいがいの蒸し料理が上手にできます。さつまいも、野菜類などを蒸すときにも最適です。

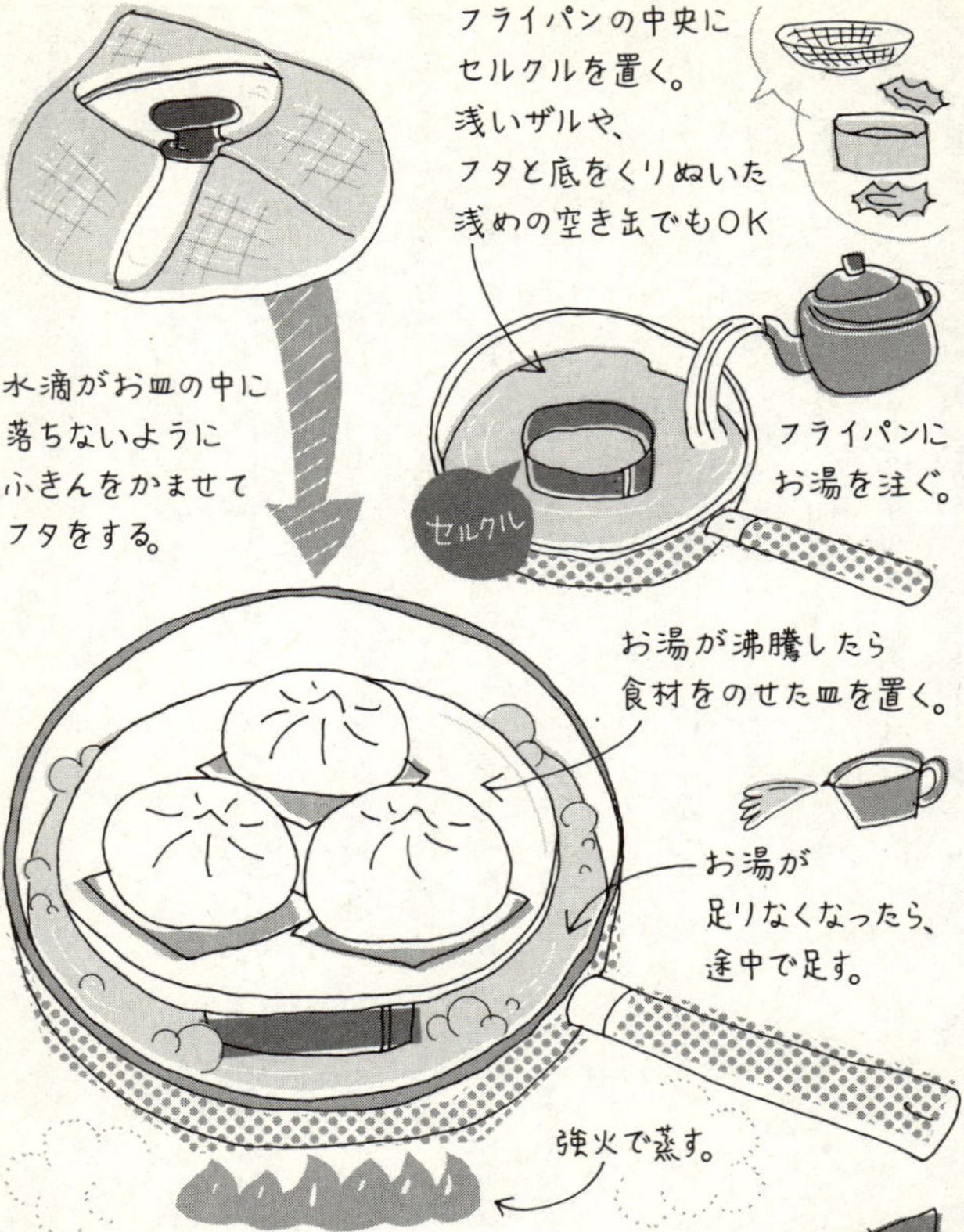
フライパンの中央に
セルクルを置く。
浅いザルや、
フタと底をくりぬいた
浅めの空き缶でもOK
水滴がお皿の中に
落ちないように
ふきんをかませて
フタをする。
セルクル
フライパンに
お湯を注ぐ。
お湯が沸騰したら
食材をのせた皿を置く。
お湯が
足りなくなったら、
途中で足す。
強火で蒸す。

野菜を蒸したり、肉まんやさつまいもを
蒸かしたりするときに便利。

蒸す

蒸し時間が短いなら、オーブンシートやキャベツを敷くだけでOK

焼売などの点心類をちょっと温めなおしたいとき、蒸し器を出すのは面倒だし、電子レンジでは皮が固くなるなど、おいしくできません。

こんなときこそ、フライパンの出番です。蒸し時間が7～8分程度の場合は、フライパンにオーブンシートや大きめのキャベツの葉を敷くことで、手早く簡単に蒸し料理ができてしまいます。

オーブンシートなどの上に焼売などの食材をのせたら、シートの下に湯を50ミリリットルほど静かに注ぎ、中火にかけてフタをするだけ！

同じ方法で、白身魚などの切り身に、刻んだねぎやしょうがなどをのせて蒸せば、あっという間に立派な蒸し魚料理の完成です。

食材のまわりに多少の水滴がついても気にならない蒸し料理に向いています。

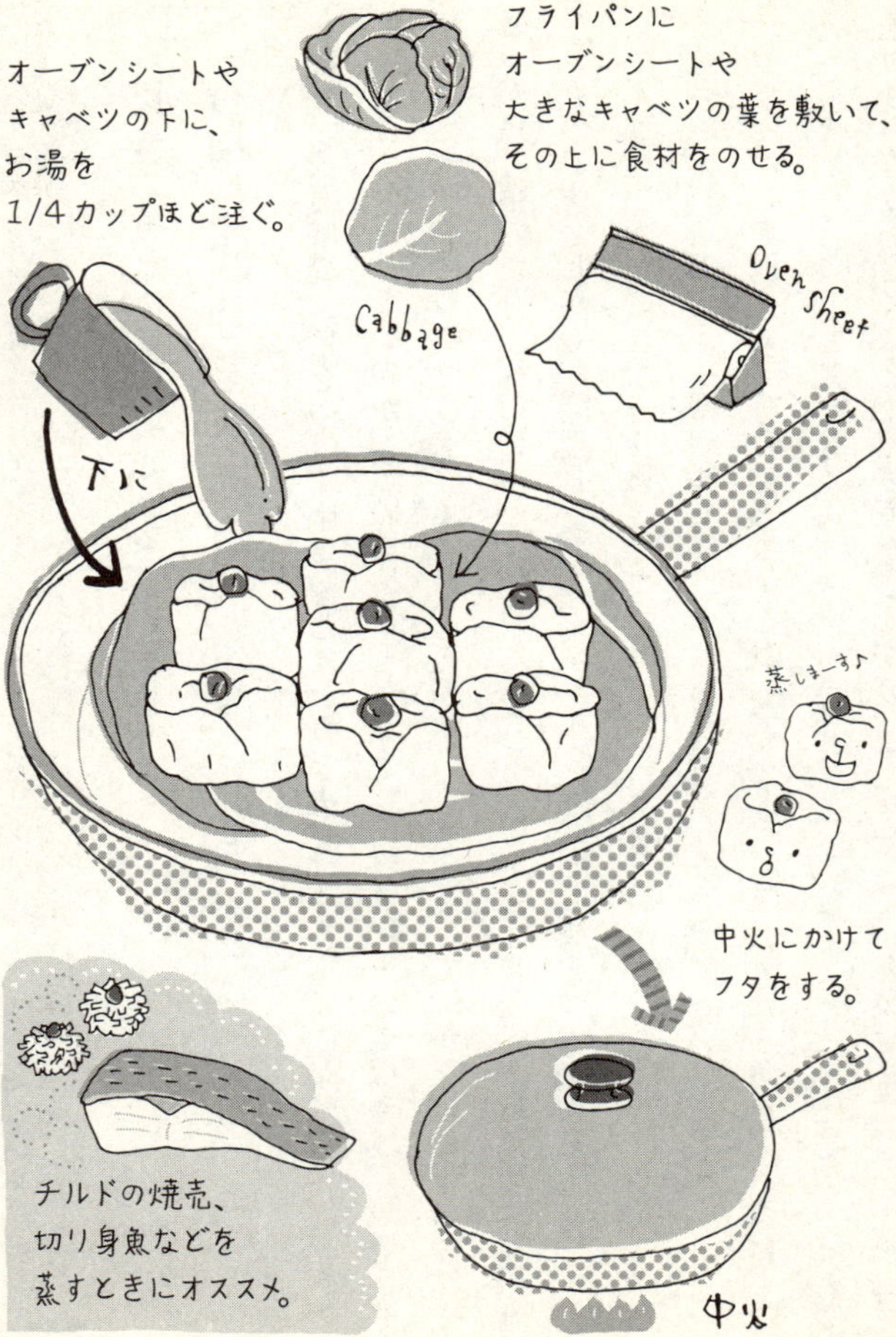
オーブンシートや
キャベツの下に、
お湯を
1/4カップほど注ぐ。
フライパンに
オーブンシートや
大きなキャベツの葉を敷いて、
その上に食材をのせる。
Cabbage
Oven Sheet
下に
蒸しまーす♪
中火にかけて
フタをする。
チルドの焼売、
切り身魚などを
蒸すときにオススメ。
中火

焼く

焼き魚もフライパンでＯＫ！グリルよりも失敗が少なく、しかもラク！

食材の表面に焼き色をつけ、中までじんわりと火を通す「焼き物」。特に、日本の家庭料理に欠かせないのが、魚の塩焼きでしょう。一般的に魚の塩焼きは、魚焼きグリルや焼き網を使って焼き上げますが、火加減に十分注意して焼かないと、しっぽやヒレが焦げ落ちたり、反対に中が生焼けだったりして、上手に焼き上げるのは案外難しいものです。しかも、調理したあと、グリルも焼き網も後片づけが大変！

そんな理由で魚の塩焼きを敬遠していた方は、ぜひフライパンを使って焼いてみてください。初心者でも失敗が少なく、しかも後片づけがラクです。

フライパンを弱火で十分に熱し、油をひいてよくなじませてから魚を入れれば、こんがりとおいしそうな焼き色もちゃんとつきます。フタをして、ときどきフライパンをゆすりながら焼くことで、表面はこんがり、中はふっくらと焼けます。

ただし、フタを閉めている間は蒸し焼き状態になっているので、最後にフタをはずし、フライパンの中に出てきた水気をとばすこと。こうすることで、皮もパリッとした状態に焼き上がります。

あじやいわしはもちろん、さんまも半分に切れば、フライパンで上手に焼けます。

フライパン recipe

あじの塩焼き

準備　**あじが入る大きさのフライパン＋フタ**

材料

あじ（下処理したもの）／1尾
塩／少々
サラダ油／少々

作り方

①あじは水気をしっかり拭き取り、両面の身の厚いところに深めの切り込みを入れ、塩をふる。
②フライパンを弱火にかけ、十分温まったらサラダ油を入れてなじませる。
③あじを盛りつけるときに表になるほうを下にしてフライパンに入れ、フタをして中火で焼く。ときどきフライパンをゆすって、上の切り込みの奥のほうが白っぽくなり、フライパンに接している面がこんがり焼けたら（ここまで7〜8分）裏返して、両面がカリッとするまで焼く。
④フタを取って、魚のまわりの水気をとばす。

焼く

じっくりムラなく火を入れたいときは、フライパンに焼き網で、優しく加熱

とかく火加減が難しいのが、卵料理。特に、だて巻きや五目厚焼き卵など、ある程度厚みがあって、しかも砂糖やみりんが入っている卵料理は、まわりが焦げやすく、思うように中まで火が入りません。そんな、じっくりムラなく中まで加熱したい料理には、フライパンと焼き網の組み合わせが最適です。

たとえば五目厚焼き卵の場合、最初にフライパンで具を炒めたらいったん火から下ろして卵を流し入れ、フタをします。そして、五徳の上に焼き網を置き、その上にフライパンを戻して中火にかけます。こうすると弱い火力でフライパンの全体に平均的に熱がいきわたり、外側はほんのりきつね色の状態で、中はふんわり固まり、ちょうどよい具合に焼き上がるのです。

同じように焼き網を利用すると、スポンジケーキも焼けます（121ページ参照）。

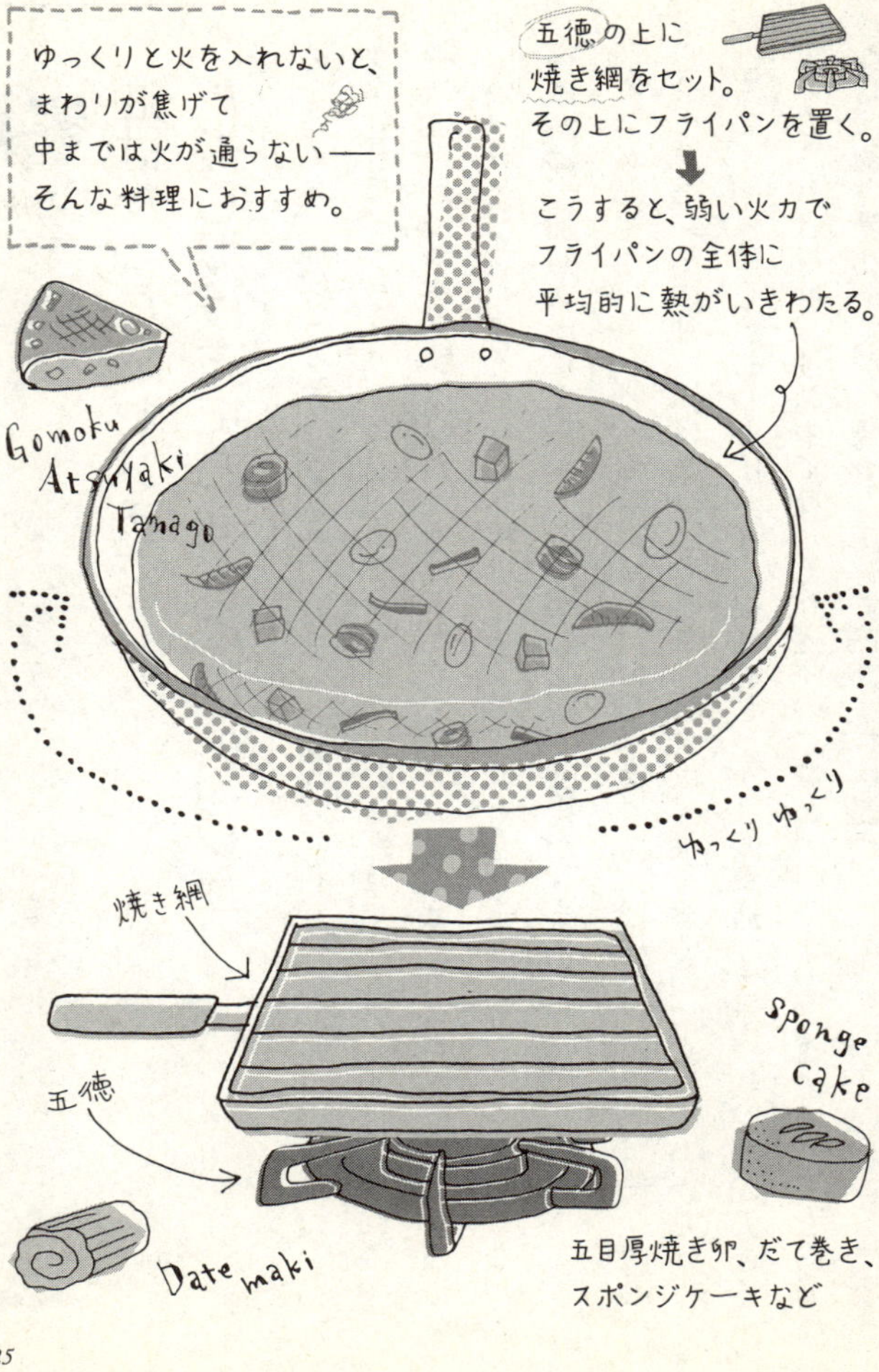
ゆっくりと火を入れないと、
まわりが焦げて
中までは火が通らない——
そんな料理におすすめ。
五徳の上に
焼き網をセット。
その上にフライパンを置く。
こうすると、弱い火力で
フライパンの全体に
平均的に熱がいきわたる。
Gomoku Atsuyaki Tamago
ゆっくり ゆっくり
焼き網
五徳
Sponge cake
Date maki
五目厚焼き卵、だて巻き、
スポンジケーキなど

揚げる

油はたった3センチでOK！
ただし揚げ方にちょっとしたコツが

油をたくさん使うことを考えると、ちょっと躊躇してしまうのが、揚げ物。でも、コツを守れば、フライパンに2〜3センチ油を入れるだけで、おいしく揚げられます。

特にとんかつやチキンカツのように平たくて大きいものは、小さな揚げ鍋より口径の広いフライパンのほうがむしろ揚げやすいです。ときどきフライパンをゆすりながら揚げれば、加熱ムラにならず、全体がこんがりと揚がります。

骨つきの鶏もも肉や、魚の姿揚げのように厚みがあって大きいものも、フライパンなら2〜3センチの油で揚げられます。この場合は、油をすくって食材の上からかけ続けること。熱がじわじわと伝わり、中までしっかり火が通ります。しかも、大きくて重みのある食材は、油の中でひっくり返すのにひと苦労ですが、この方法だと食材の裏側は多少焦げますが、ひっくり返す必要はありません。

＊揚げ物も、フライパンなら2〜3センチの油でいい＊

薄いもの、平たいものを揚げる

とんかつ
チキンカツ
など

厚みのあるもの、大きいものを揚げる

鶏の唐揚げ
魚の姿揚げ
など

ロースト

フライパンの2コ使いで、オーブンいらず

ローストビーフ、ローストチキン、ローストポーク、魚のローストなどのロースト料理は、見た目も豪華でホームパーティーなどに最適です。でも、一般的なオーブンレンジで作るとなると、予熱にかなり時間がかかるし、調理後の後始末も大変なので、二の足を踏んでしまうことも多いでしょう。

そこで、フライパンの出番です！　まず、同じ口径のフライパンを2つ用意してください。片方のフライパンは、フッ素樹脂加工がはげるなどして使えなくなったものでもかまいません。1つのフライパンにもう1つのフライパンを逆さにしてピタリと重ねてフタ代わりにすると、上下のフライパンに熱が蓄えられ、オーブンと同じ状態が作れるのです。食材に全方向から熱が入り、蒸発する水分も閉じ込められて、フライパンでおいしいロースト料理が作れます。

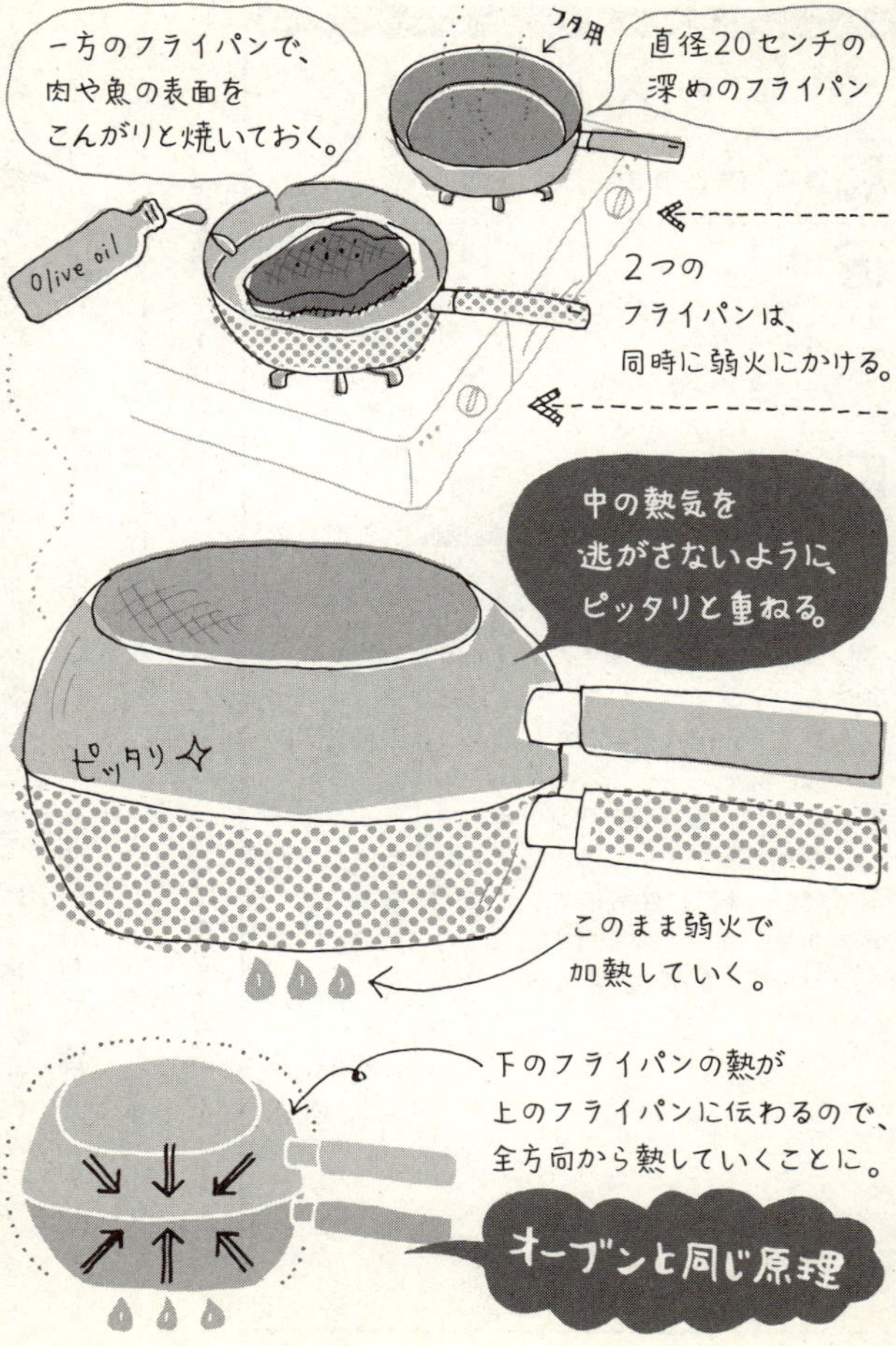
一方のフライパンで、
肉や魚の表面を
こんがりと焼いておく。
フタ用
直径20センチの
深めのフライパン
Olive oil
2つの
フライパンは、
同時に弱火にかける。
中の熱気を
逃がさないように、
ピッタリと重ねる。
ピッタリ
このまま弱火で
加熱していく。
下のフライパンの熱が
上のフライパンに伝わるので、
全方向から熱していくことに。
オーブンと同じ原理

また、この方法でローストビーフを作る場合、焼き上げたあとの手間がかかりません。オーブンの場合、肉を庫内から取り出したら、肉汁が落ち着くまでアルミホイルで包んでしばらくおかなければなりませんが、フライパン２コ使いなら、火から下ろしたらそのままフライパンが冷めるまで放っておくだけでＯＫです。

フライパン recipe

ローストビーフ

準備　**20㎝のフライパン2つ**

材料

牛ロースかたまり肉／250ｇ
塩／少々
オリーブ油／少々

作り方

①牛肉は調理する１時間前に冷蔵庫から出しておく。
②牛肉に塩をすり込む。
③フライパン２コを弱火にかけて十分に熱する。
④片方のフライパンにオリーブ油をひき、牛肉を入れて中火にする。転がしながら、全体をこんがりと焼く。
⑤もうひとつのフライパンで④のフライパンにピッタリとフタをし、弱火にする。フライパンがずれないように注意して７分加熱する。
⑥火から下ろし、フライパンでフタをしたまま、フライパンが冷めるまでおく。

煮る

炒めてから煮る、煮詰めて仕上げる――そんな煮物に威力を発揮

口径が広く、フッ素樹脂加工されているフライパンは、実は煮物で驚きの威力を発揮します。たとえば、かぼちゃやいも類、魚などを煮るとき。材料を重ねないでひと並べにできるので、途中で上下を返す必要がなく煮崩れが防げ、しかも味ムラができにくいのです。ただし、必ず落とし蓋を利用して、煮汁が蒸発する量を調節しましょう。落とし蓋をすることで、煮崩れはさらに防げます。

炒り鶏のように、肉を炒めてから煮る料理も、フライパンが最適です。フッ素樹脂加工されているので、炒めるときに肉がくっつかず、そのまま煮て仕上げられます。

カレーやシチューも、材料を炒めてそのまま煮られるので、実は鍋よりもフライパンのほうが便利。炒めるときに肉がくっつかないのはもちろん、口径の広いフライパンは汁の蒸発も早いので、それだけ早く煮詰まります。

煎る

フライパンで素材を煎ることで、いいことがいっぱいある！

「煎る」とは、加熱することで素材の水分をとばすことです。一般的には鍋を使いますが、口径が広く、片手でゆすりやすいフライパンは、素材を煎るのにも適しています。フライパンを使って素材を煎ることを覚えておくと、ちょっとしたひと手間で、料理の出来がワンランクアップします。

［煎り方の基本］

全体に広げられる程度の量の素材をフライパンに入れ、弱火にかけます。素材がまんべんなく動くように、しゃもじなどで混ぜながら、フライパンもゆすって煎っていきます。桜えびやごまなどは、素材のよい香りがしてきたら火を止めます。フライパンに入れっぱなしにしておくと余熱で素材に火が入り過ぎてしまうので、必ずすぐに器に移しましょう。

［桜えび、じゃこ］

和え物やサラダなどに使う前にフライパンでさっと煎ると、生臭みがとんで、その代わりに香ばしいよい香りがしてきます。基本の煎り方で上手に煎れます。

［ごま］

開封してから少し時間が経ったものは、煎っておくと香りが蘇ります。ごまの場合、焦げやすいので手で水を全体にパッパとかけてから煎りましょう。

［自然塩］

フライパンで煎るとサラサラになり、使いやすい状態になります。一度塩全体を均等に水で湿らせ、ある程度塩を溶かしてから煎ったほうがきれいに仕上がります。

［ごま塩］

市販のごま塩はごまと塩が別々になっているものがほとんどですが、自分で煎ると、ごま粒のまわりに塩がまんべんなくついたおいしいごま塩が作れます。フライパンにごまと自然塩を適量入れたら全体を水で湿らせ、塩を一度溶かします。それからじっくり煎って、水分がとび、よい香りがしてきたら完成です。

燻製

空き箱とフライパンで、お手軽「燻煙器」のできあがり

素材そのものの味と香ばしい香りが楽しめる燻製料理は、おつまみに最高です。専用の燻煙器がないと作れないと思われがちですが、実は、家庭にあるちょとしたモノを利用するだけで、フライパンでも燻製が作れてしまうのです！

まず、ワインや日本酒の外箱など、適当な高さのある紙箱を用意します。底をくり抜き、アルミホイルでピッタリと覆います。上部のフタの少し下には、竹串などを通しておきましょう。箱をフライパンの真ん中に立て、箱のフタを開け、その中に、燻煙材として、紅茶、ほうじ茶、ローリエ、タイム、粒こしょうなどを適量入れます。

クリップや針金、タコ糸などを利用して食材を竹串に吊るし、箱のフタをしたら中火にかけ、30～40分燻《いぶ》せば完成です。塩ざけ、ささみ、ちくわ、いわしの丸干し、ゆでたこ、プロセスチーズなどで、ぜひお試しを。

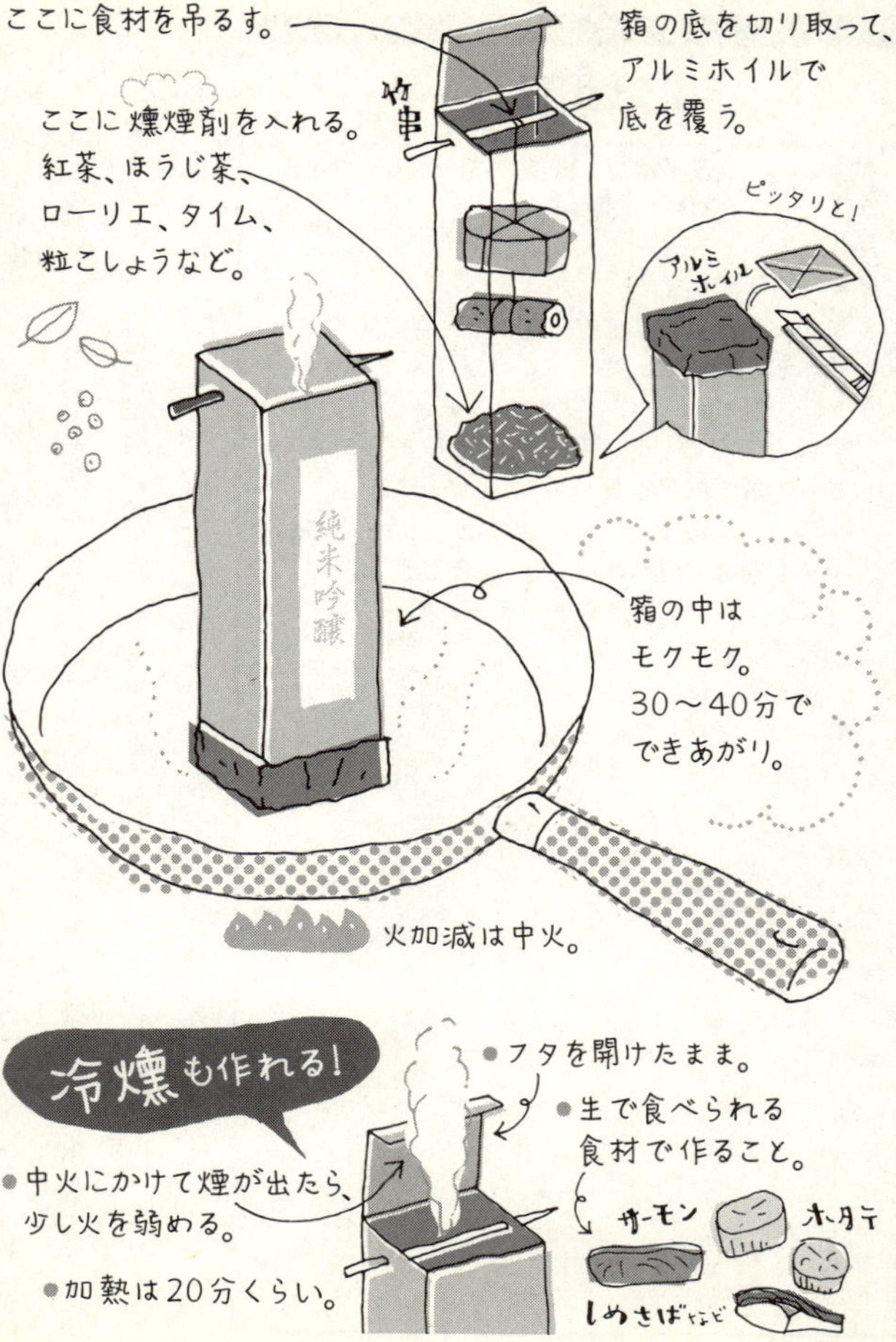
ここに食材を吊るす。
箱の底を切り取って、アルミホイルで底を覆う。
竹串
ここに燻煙剤を入れる。紅茶、ほうじ茶、ローリエ、タイム、粒こしょうなど。
ピッタリと！
アルミホイル
純米吟醸
箱の中はモクモク。30〜40分でできあがり。
火加減は中火。
冷燻も作れる！
●フタを開けたまま。
●生で食べられる食材で作ること。
●中火にかけて煙が出たら、少し火を弱める。
●加熱は20分くらい。
サーモン
ホタテ
しめさばなど

このお手軽燻煙器を使って、あまり煙と熱を加えずに仕上げる冷燻もできます。たい、サーモン、ほたて、しめさば、こはだなど、刺身でも食べられる食材に塩こしょうし、脱水シートに包んでひと晩おいてから燻製にします。
冷燻の場合、箱のフタは開けたまま火にかけ、加熱時間は短めで完成です。

フライパン recipe

燻製

準備　**フライパン＋縦長の箱＋アルミホイル＋竹串＋燻煙剤**

作り方

①ワインや日本酒などの縦長の箱を用意する。
②箱の底を切り取って、アルミホイルでピッタリと底を覆う。
③上部のフタの少し下に竹串などを刺して通す。これで燻煙器が完成。
④フライパンの中央に③の燻煙器を設置し、箱のフタを開けて燻煙剤（紅茶、ほうじ茶、ローリエ、タイム、粒こしょうなど）を入れる。
⑤燻製する材料をクリップや針金に刺したり、タコ糸で結ぶなどして、燻煙器の竹串に吊るす。
⑥箱のフタを閉じて、中火にかける。30～40分でできあがり。

・・・燻製におすすめの食材・・・

○塩ざけ　○ささみ　○ゆでたこ
○いわしの丸干し　○プロセスチーズ

ゆでる

フライパンでゆでれば、もっと便利に、簡単に、おいしくなる食材がある

「ゆでる」といえば鍋を使うのが一般的ですが、アスパラガスやごぼう、ふきなどの長い野菜の場合、フライパンを使えば短く切らずにゆでられます。ほうれん草のようにかさばる葉物野菜の場合も、フライパンなら全体が湯に浸かるので、鍋でゆでるときのように途中で上下を返す必要がなくなります（葉物の場合、一度にゆでる適量は、口径24センチの場合、１５０グラム以下）。フライパンはなかなか湯が沸かないので、やかんで沸かした湯を移し、フタをして湯を十分に煮立ててから材料を入れましょう。

豚しゃぶも、フライパンでゆでるのがおすすめです。肉と肉が重なってくっつくことがなく、ひらひらとゆでられます（口径24センチの場合、１５０グラム以下なら一度にゆでられる）。しかも、蒸気がどんどん上がるので、肉の臭みも一緒にとばせて、おいしくゆで上がります。

炊く

フライパンで、お赤飯をもちもちに炊き上げるテクニック

最近は、赤飯などのもち米を電器炊飯器で炊く人が多いようです。でも、もち米は本来蒸して調理するものなので、炊いて作るとベタつきがち。なかなか蒸した状態のようには炊き上がりません。だからといって、本来の蒸して作る赤飯の場合はせいろが必要だし、手順もかなり複雑で大変です。

そこでおすすめなのが、フライパンを使って炊くこと。こうすると、本来の蒸した状態に近い、もちもち食感のおいしい赤飯が手軽に作れるのです！

作り方は意外と簡単です。ゆでておいたささげ（または小豆）を煮汁ごとフライパンに移して煮立て、そこに研いで水に浸しておいたもち米を水をきってから加え、煮立てながら米に赤い煮汁を吸わせます。水気がなくなってきたら、フタをしてそのまま加熱して炊き上げるだけです。

このとき大切なのが、フタをして炊いている間にときどきフタを開けて大さじ1杯程度の湯を全体にふりかけること。フライパンの中に常に蒸気がこもって蒸し器の中に近い状態にしておくことで、本格的な食感の赤飯に炊き上がります。

梅おこわ（108ページ参照）などもこの炊き方を応用して作れます。

フライパン recipe

赤飯

準備　24㎝のフライパン＋フタ

材料

もち米／1合
ゆでささげ／1/3 カップ
ささげのゆで汁／3/5 カップ（120㎖）

作り方

①もち米は研いで、たっぷりの水に 60 分浸し、水気をきる。
②フライパンにささげのゆで汁を入れ、中火にかける。煮立ったら①のもち米を加え、混ぜながら米に水分を吸収させる。
③水分がなくなったら弱火にし、ゆでささげを加えて混ぜ合わせ、もち米を手早く平らに広げ、フタをして 10 分火にかける。フライパンの中に常に蒸気がこもっている状態を保つよう、ときどき大さじ 1 くらいの湯をふり入れる。
④ 10 分たったら手早く上下を返すように混ぜ、③と同様に 10 〜 15 分火にかけて、ふっくら蒸し上げる。

解凍

わずかな湯とフタを使って、冷凍ごはんやカレーを、レンジよりもおいしく解凍

電子レンジの設定がうまくいかないと、固くなったりべたべたくっついたりしてしまう冷凍ごはんの解凍も、フライパンを使ったほうが失敗がありません。まず、ごはんを冷凍するとき、厚みが2センチ以内になるように、平べったい形にして冷凍しておきましょう。これをフライパンに入れたら、湯を少々かけ、フタをして火にかけます。蒸し料理に近い状態で加熱できるので、電子レンジより多少時間がかかりますが、ふっくらおいしいごはんに仕上がるのです。

市販の保存袋や保存容器に入れて冷凍したカチカチのカレーやシチューは、そのままでは電子レンジで解凍できません。油を多く含んだ食材を長い時間レンジにかけると、袋や容器が溶けてくるからです。どうせ別の容器に移し替えるなら、フライパンで解凍しましょう。凍ったカレーを入れたら、お湯を少々加え、フタをして火にかけ

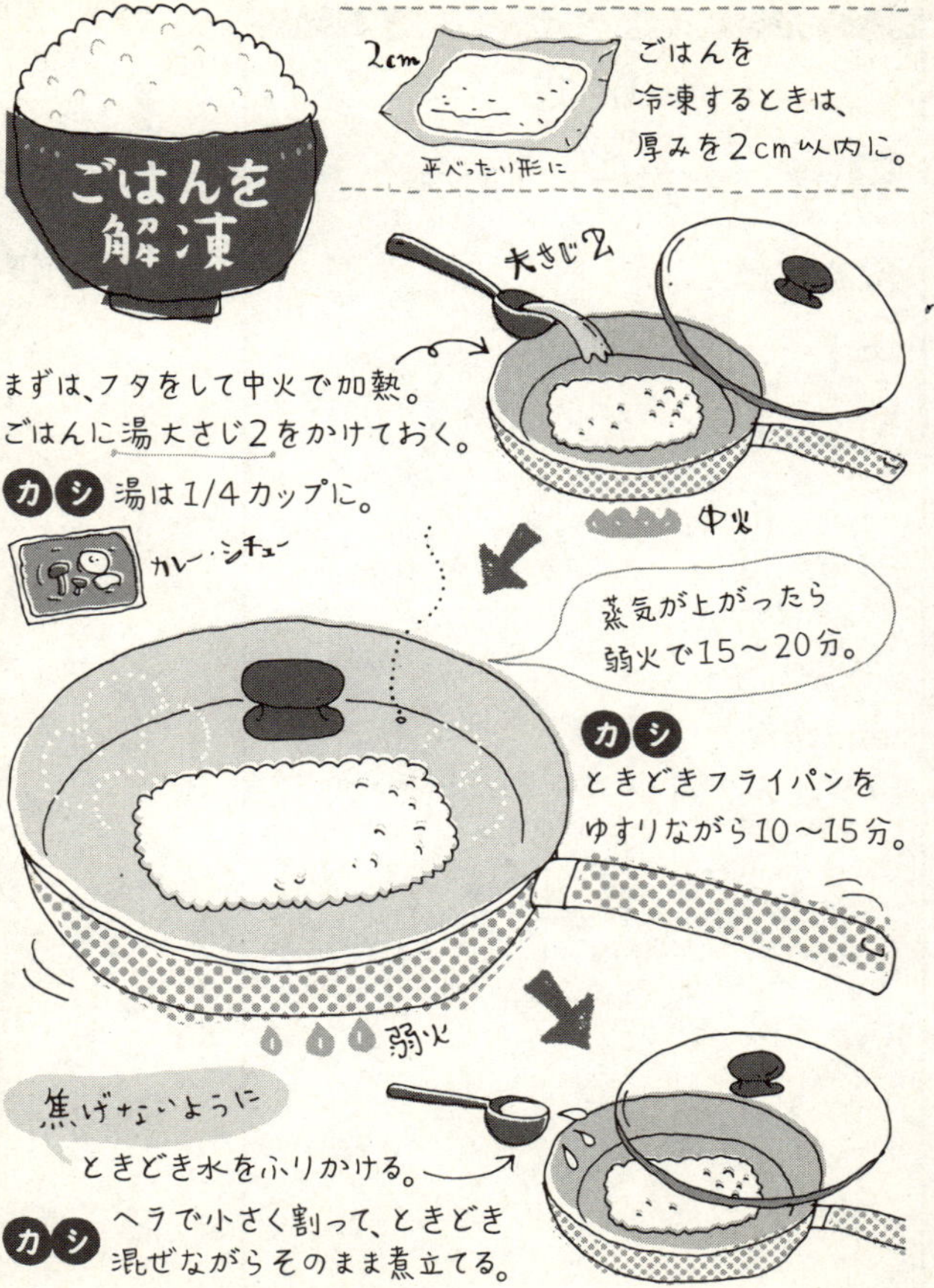
ごはんを解凍
2cm
平べったい形に
ごはんを冷凍するときは、厚みを2cm以内に。
大さじ2
まずは、フタをして中火で加熱。ごはんに湯大さじ2をかけておく。
カシ 湯は1/4カップに。
カレー・シチュー
中火
蒸気が上がったら弱火で15～20分。
カシ ときどきフライパンをゆすりながら10～15分。
弱火
焦げないように
ときどき水をふりかける。
カシ ヘラで小さく割って、ときどき混ぜながらそのまま煮立てる。

※カシは、冷凍カレー・シチューを解凍する場合

ます。新たに野菜やソーセージなどをプラスしてアレンジする場合も便利です。

冷凍野菜の場合は、お湯ではなく、少量の油をかけてフライパンで解凍がおすすめ。野菜が解凍され、油がはねはじめたらフタを取ってあおり、水分をとばします。塩こしょうなどで味つけして完成。ベーコンやソーセージなどを加えてもよいでしょう。

フライパン recipe

解凍

準備　**フライパン＋フタ＋湯 or 油**

冷凍ごはん

解凍法

①フライパンに冷凍ごはんを入れ、湯大さじ２をかける。
②フタをして中火にかけ、蒸気が上がったら弱火にして 15 ～ 20 分加熱する。
③焦げないようにときどき水をふりかける。

冷凍野菜

解凍法

①フライパンに凍った野菜（ブロッコリーやアスパラガスなど）を入れ、油小さじ１～２をかける。
②フタをして中火にかけ、ときどきフライパンをゆすりながら７～８分加熱する。
③解凍され、油がはねはじめたらフタを取り、フライパンをあおって水気をとばし、好みの味に調味する。

part 2

こんな料理も作れる驚きのフライパン使い

ローストチキンから茶わん蒸し、焼きいもなど、フライパンでは作れないと思われていたあの料理も手軽に作れます。

ローストチキン

皮はカリッと中はジューシー――フライパンならではの3段使いで

骨つきの鶏肉を焼き上げるローストチキンは、特別な日のごちそうにぴったりです。丸ごと1羽をオーブンで焼くとなると大ごとだし後片づけも大変ですが、骨つきのもも肉1本くらいならフライパンで手軽に焼けます。

ポイントは、フライパン&フタの3段使い。まず、鶏肉の表面を中火でカリッと焼き、一度取り出します。次に、フライパンに鶏肉を漬けておいたハーブや野菜を漬け汁ごと入れ、その上に鶏肉を置いて、フタをして蒸し焼きにします。最後にフタを取り、火を強くして皮をパリッと焼き上げます。

フタをしている間、フライパンの中はオーブンに近い状態になっているので、鶏肉のおいしさを逃さず、しっかり中まで加熱できます。

また、最後にフタを取って焼き上げる際、フライパンにたまった脂をスプーンなど

1 こんがり焼きつける

中火でフタをして、
両面こんがり
焼きつける。

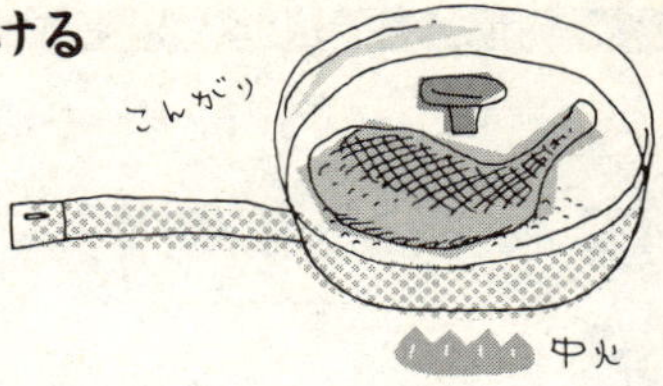

2 蒸し焼きにする

鶏肉を漬け込んだ
ハーブや野菜を
汁ごとフライパンへ。
その上に鶏肉をのせる。
皮目は上。
フタをして2〜3分中火に、
弱火にして
20分蒸し焼きに。

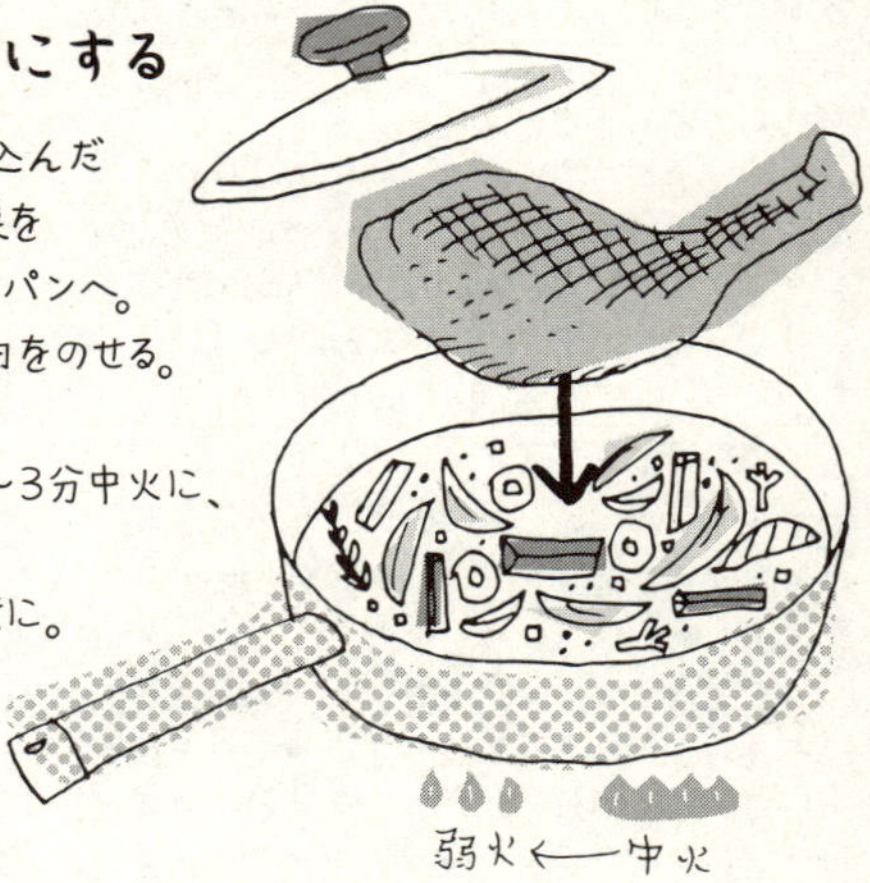

3 フライパンにたまった脂を皮にかける

仕上げに、鶏の皮に
フライパンにたまった脂を
スプーンでかけながら焼く。
これで皮がパリッとする。

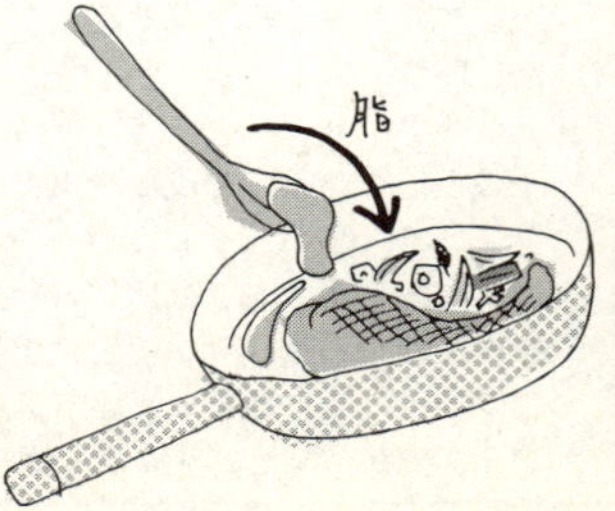

ですくって表面にかけながら焼くことで、あのローストチキンならではの皮のパリパリ感が出せます。

脂を表面にかけるのはオーブンでも行いますが、オーブンから天板を出さなければならず、けっこう面倒。フライパンのほうがずっと手軽にできます。

フライパン recipe

ローストチキン

準備　**24㎝のフライパン＋フタ**

材料

鶏骨つきもも肉／１本　　オリーブ油／少々

A
- 塩／少々　　こしょう／少々
- にんにくのすりおろし／少々
- ローリエ／1/2 枚　　タイム／少々
- ローズマリー／少々　　玉ねぎの薄切り／少々
- セロリの薄切り／少々　　にんじんの薄切り／少々
- パセリの茎／少々　　白ワイン／大さじ２
- オリーブ油／大さじ２

作り方

①鶏肉はＡをもみ込み、１時間ほどおく。
②①から鶏肉だけ取り出す。
③フライパンを弱火にかけ、十分温まったらオリーブ油を入れてなじませる。鶏肉を皮目を下にして入れ、中火にしてフタをする。ときどきフライパンをゆすって皮がカリッとするまで焼く。返して裏側もこんがりと焼きつけ、フライパンから取り出す。
④フライパンに②のハーブや野菜を汁ごと入れ、その上に③の鶏肉を皮目を上にしてのせる。フタをして２～３分火にかけ、フライパンの中が温まったら弱火にして 20 分蒸し焼きにする。
⑤フタを取り、焦げない程度に火を強め、鶏の皮にフライパンにたまった脂をスプーンでかけながら、皮がパリッとするまで焼く。

ミートローフ

アルミホイルで生地を包んで焼きつければ、フライパンでも作れる

ひき肉などの食材をローフ型に入れて、オーブンで焼き上げるミートローフ。ハンバーグよりちょっぴり高級感があり、いつもと違うひき肉料理を作りたいときにおすすめのメニューです。

でも、「ミートローフは専用の型とオーブンがないと焼けないし……」と、あきらめていませんか？　実はアルミホイルさえあれば、専用の型がなくても、フライパンでミートローフをおいしく焼けるのです。

フライパンで焼く場合は、型の代わりにするアルミホイルにサラダ油をぬり、その上に生地をのせていきます。中ほどにうずらの卵とスタッフドオリーブをのせ、残りの生地ものせたら、形を整えながらアルミホイルで生地をぴったりと包みます。このとき、無理に生地を長方形に整えなくても、かまぼこ型でもかまいません。焼き上げ

て切り分けるとそれらしく仕上がるので、あまり心配しなくて大丈夫です。

あとは、十分に熱したフライパンに入れ、フタをして弱火でじっくり焼くだけです。

焼き上がったら火から下ろし、そのままの状態で粗熱をとってから切り分けます。すぐにアルミホイルをはがすと崩れやすいので注意してください。

フライパン recipe

ミートローフ

準備 24㎝のフライパン＋フタ＋アルミホイル

材料

合いびき肉／ 200ｇ
塩／小さじ 1/4
こしょう／少々
ナツメグ／少々
卵／ 1/2 コ
パン粉／大さじ 3
玉ねぎのみじん切り／ 1/3 コ分
うずらのゆで卵／ 6 コ
スタッフドオリーブ／ 12 コ

作り方

①パン粉と玉ねぎのみじん切りを混ぜ合わせる。
②合いびき肉に塩、こしょう、ナツメグ、卵、①を加え、よく練り混ぜる。
③アルミホイルを広げてサラダ油（分量外）をぬり、②の生地の半量をのせて 12㎝ ×4㎝ほどに広げる。中央にうずらの卵とスタッフドオリーブを置き、残りの生地をのせる。
④生地の形を整えながら、アルミホイルでピッタリ包む。
⑤フライパンを弱火にかけ、十分温まったら④を入れてフタをする。7 ～ 8 分加熱し、底が固くなったらひっくり返して 7 ～ 8 分加熱し、火を通す。
⑥火から下ろし、そのまま粗熱をとる。

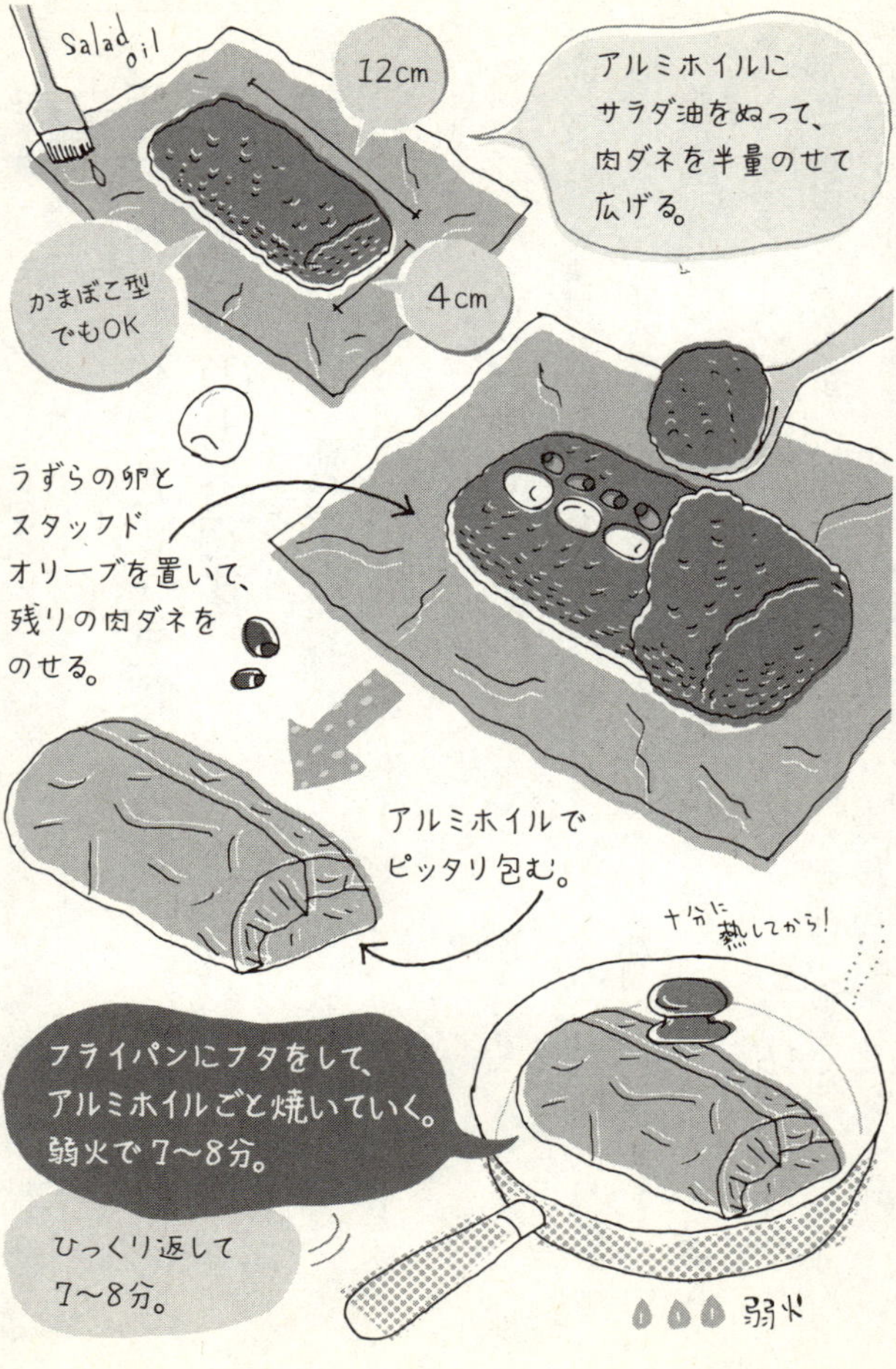
Salad oil
12cm
4cm
かまぼこ型でもOK
アルミホイルにサラダ油をぬって、肉ダネを半量のせて広げる。
うずらの卵とスタッフドオリーブを置いて、残りの肉ダネをのせる。
アルミホイルでピッタリ包む。
十分に熱してから!
フライパンにフタをして、アルミホイルごと焼いていく。弱火で7〜8分。
ひっくり返して7〜8分。
弱火

焼豚

手軽に少量作りたいときは、フライパンの出番です

豚の肩ロースなどを中華味のタレに漬け込んで、オーブンで焼き上げる焼豚。肩ロースのかたまりを使った自家製の焼豚は、スーパーなどで買ったものとはひと味もふた味も違います。

しかし、かたまりで調理すると一度にたくさんできてしまうので、ひとり暮らしやふたり暮らしの家庭などでは、作るのをためらうこともあるでしょう。

もし、焼き豚を少量作りたいときは、ぜひフライパンを活用してください。

あまり厚みがある肉はフライパンでは調理できませんが、厚さ3センチぐらいまでなら、フタを活用することで十分調理が可能です。反対に、小さな肉はオーブンだと火加減の調節などがうまくいかないので、少量の肉を調理するときこそ、フライパンの出番なのです。

フライパンで作る場合は、フタをすることで中をオーブンに近い状態にして蒸し焼きにします。加熱しているとフライパンの中に水分がたまってくるので、全体に火が通ったら、最後はフタを取って水気をとばします。こうして焼き上げれば、オーブンで焼いたものに近い、香ばしくてジューシーな焼豚に仕上がります。

フライパン recipe

焼豚

準備　**20㎝のフライパン＋フタ**

材料

豚肩ロース肉／3㎝厚さ１枚（250ｇ）
サラダ油／少々

A
- 甜麺醤／大さじ１
- しょうゆ／大さじ１
- 砂糖／小さじ１
- オイスターソース／小さじ１
- 紹興酒／小さじ１
- こしょう／少々

作り方

①Aを混ぜ合わせ、豚肉を漬け込み、２時間ほどおく。
②①の豚肉を汁気をきって網にのせ、表面を乾かす。
③フライパンを弱火にかけ、十分温まったらサラダ油を入れてなじませる。②の豚肉を入れてフタをし、中火でこんがりするまで３～５分焼く。焼き色がついたら裏返し、弱火で７～８分焼いて火を通す。
④フタを取り、水気をとばして焼き上げる。

北京ダック風

フライパンに溶け出した鶏の脂が、皮をパリッと仕上げるポイント

北京ダックは、本来、アヒルを丸ごと炉で焼き上げ、パリパリの皮をそぎ切りにしていただく料理。中華料理の中でも、特に人気が高い一品です。

本格的な北京ダックを家庭で作るのはさすがに難しいですが、鶏もも肉を使った「北京ダック風」なら、家庭のフライパンで気軽に作れます。

作り方は驚くほど簡単です。

まず、鶏肉はあらかじめはちみつをからめてしばらくおきます。このはちみつが、皮を焼き上げたとき、おいしそうなあめ色と、パリパリの食感のもとになります。

次に、サラダ油をひいたフライパンに鶏肉を皮目を下にして入れ、フタをして焼き上げます。両面焼き、中まで火が通ったら、フライパンのフタをはずします。

そして、ここからが最大のポイント。上になっている皮に、フライパンに溶け出し

た鶏の脂をスプーンですくって何度もかけていきます。この作業によって、鶏肉の皮が北京ダックと同じように、あめ色に、パリパリに仕上がるのです。

ちょっとしたパーティーの席などで、ねぎやきゅうりの細切り、甜麺醤、春餅《チュンピン》と一緒にテーブルに並べれば、喜ばれること間違いなしです。

フライパン recipe

北京ダック風

準備　**フライパン＋フタ**

材料

鶏もも肉／１枚
はちみつ／大さじ１
サラダ油／少々
春餅（市販品）／適量
甜麺醤／適量
長ねぎの細切り／適量

作り方

①鶏肉ははちみつをからめ、30分おく。
②フライパンを弱火にかけ、十分温まったらサラダ油を入れてなじませる。鶏肉を皮目を下にして入れ、弱火のままフタをする。ときどきフライパンをゆすって５～６分焼き、皮がこんがり焼けたら裏返して２～３分焼いて火を通す。
③フタを取り、フライパンに溶け出した鶏の脂をスプーンで皮にかけながら、皮がパリッとするまで２～３分焼く。
④鶏肉を薄く切り、好みで春餅、甜麺醤、長ねぎの細切りとともに、北京ダック風に食べる。

ホットサンド

落とし蓋で押しつけながら焼けば、サンドメーカーいらず

ハムやチーズなど、好みの具材をパンにはさみ、専用のホットサンドメーカーにはさんで焼き上げるホットサンド。温かいので、普通のサンドイッチ以上に食事としての満足感が高く、子どもにも人気のメニューです。

問題は、ホットサンドメーカーが必要なこと。ほかの調理では使えないものが多いので、わざわざ買うのはためらわれます。また、買ってはみたものの、一度どこかにしまい込むと出し入れが面倒で、もはやどこにあるのかわからない……なんて人も多いようです。

しかし、落とし蓋とフライパンがあれば、専用のメーカーがなくても、ホットサンドが簡単に焼けます。普通にサンドイッチを作ったら、予熱してオリーブ油をなじませたフライパンに入れます。そして、上から落とし蓋で軽く押さえつけ、そのまま5

フライパンでホットサンド!
オリーブ油をひく。
フライパンで、お好みの具をはさんだ食パンを5〜6分焼く。
落とし蓋
ココ重要
落とし蓋でパンを軽く押さえつける。
弱火
裏返して5〜6分、こんがりするまで焼く。
じゅううー
やっぱり、落とし蓋で押さえながら。
弱火のまま

～6分かけて焼き上げるのです。同様にして反対側もこんがりと焼き色をつけたら、アツアツのホットサンドの完成です。

いままで、ホットサンドメーカーがないからと、自宅でホットサンドを焼くのをあきらめていた人は、ぜひ試してみてください。

フライパン recipe

ホットサンド

準備　20㎝のフライパン＋落とし蓋

材料

食パン（10枚切り）／2枚
オリーブ油／大さじ2

A
- ロースハム／2枚
- スライスチーズ／1枚
- 玉ねぎ（2㎜厚さの輪切り）／2枚
- トマト（5㎜厚さの輪切り）／2枚
- バジル／3枚

作り方

①食パンにAをはさむ。
②フライパンを弱火にかけ、十分温まったらオリーブ油大さじ1を入れてなじませる。①を入れ、落とし蓋でパンを軽く押さえつけ、そのまま5～6分焼く。こんがりカリッと焼けたらフライパンから取り出す。
③フライパンにオリーブ油大さじ1をひき、パンをもう一方の面を下にして戻し入れ、落とし蓋で押さえつけながら、こんがりと焼き色がつくまで5～6分焼く。

焼きそら豆

フタをしてサヤごと10分ほど焼けば、ホクホクのできあがり

そら豆は、日本の初夏の味覚のひとつ。炭火でサヤごと焼き上げた焼きそら豆は、素材のうまみが凝縮されていて、旬の時期には一度は味わいたい一品です。ただ、季節もののせいか、居酒屋や小料理屋などでは、なかなかのお値段がすることが多いようです。

リーズナブルに、おいしくそら豆を味わいたいなら、家でフライパンを使って焼いてみましょう。オーブントースターだとサヤになかなか焦げ目がつかないし、魚焼きグリルだと火加減が難しいのですが、フライパンを使えば失敗がありません。

焼き方は、びっくりするほど簡単です。

そら豆をサヤごと洗い、水滴がついたままフライパンに入れ、フタをして両面焼き上げるだけ！

フライパンだとサヤが炭火で焼いたようにちょうどいい具合に焦げ、よい香りがしてきます。サヤ全体に十分に火が通ったらできあがり。ホクホクの焼き上がりで、そら豆そのものの味が楽しめます。

夜の晩酌の際など、ビールや日本酒のおつまみに最高です。

フライパン recipe

焼きそら豆

準備　**フライパン＋フタ**

材料

そら豆／適量

作り方

①そら豆はサヤごと洗い、水滴がついたままフライパンに入れ、フタをして中火にかける。

②フライパンが温まり、７〜８分焼いてそら豆のサヤが焦げてきたら裏返し、３〜４分焼く。

③そら豆のサヤの緑色が全体的に濃くなってきたら、焼き上がり。

焼きとうもろこし

ゆでたり蒸したりする手間をかけずに、ほくほくで香ばしい仕上がり！

こんがり焦げたしょうゆの香りがたまらない、焼きとうもろこし。一見、簡単そうに見えますが、家庭で焼く場合は、あらかじめゆでるか蒸してから、焼き網を使って焼いている人が多いのではないでしょうか。これだと、洗い物も多いし、なかなか大変な作業になります。

それよりは、最初から最後までフライパンで焼き上げる方法のほうが、手間がかからず、上手に焼けます。

最初に、皮をむいたとうもろこしをアルミホイルでピッタリと包んでから焼きはじめます。こうすることで、表面が黒焦げにならずに、十分に火が通ります。もちろん、効率よく加熱するために、フタをすることも大切です。

途中、３回とうもろこしを動かして焼き続け、四面すべてに火が通ったら、最後にアルミホイルをはがして表面を焼き上げます。このとき、しょうゆを回しかけ、とうもろこし全体にからめながら仕上げれば、香ばしくてほくほくした、炭火焼きに負けないとうもろこしの完成です。

フライパン recipe

焼きとうもろこし

準備　**フライパン＋フタ＋アルミホイル**

材料

とうもろこし／適量
しょうゆ／少々

作り方

①とうもろこしは皮をむき、アルミホイルでピッタリと包む。
②①をフライパンに入れてフタをし、弱火にかける。フライパンが十分熱くなってから10分焼きつける。とうもろこしを90度回転させて10分焼きつけ、さらに90度回転させて10分焼きつける。これを繰り返し、四面すべて焼きつける。
③フライパンをゆすりながら、さらに10分焼く。
④とうもろこしのアルミホイルをはずしてフライパンに戻し、しょうゆを回しかけて全体にからめ、香ばしく焦がす。

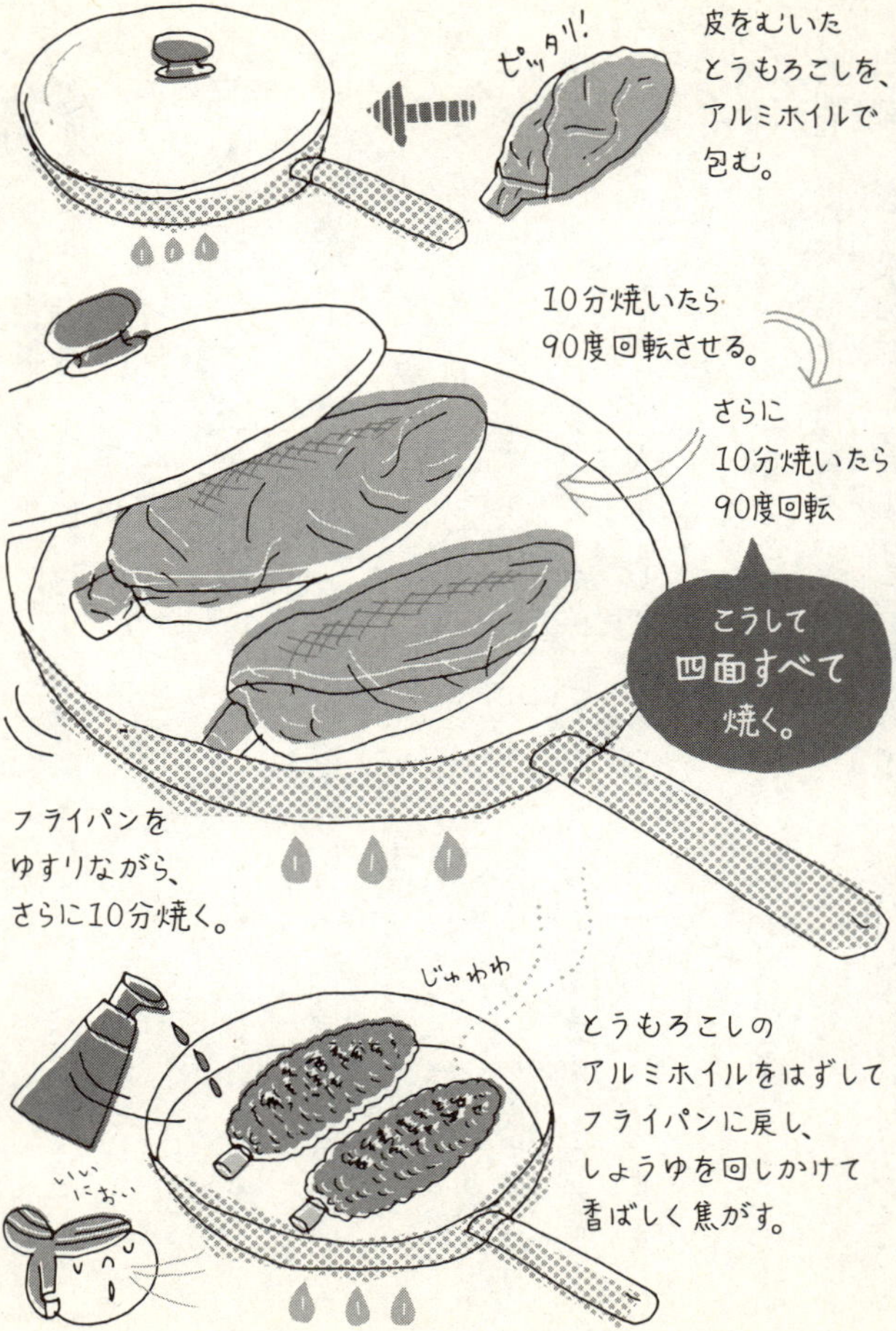
ピッタリ!
皮をむいた
とうもろこしを、
アルミホイルで
包む。
10分焼いたら
90度回転させる。
さらに
10分焼いたら
90度回転
こうして
四面すべて
焼く。
フライパンを
ゆすりながら、
さらに10分焼く。
じゅわわ
とうもろこしの
アルミホイルをはずして
フライパンに戻し、
しょうゆを回しかけて
香ばしく焦がす。
いい
におい

焼きいも

アルミホイルで包んでフタをして、弱火で40分でほくほくに

最近は、安納いもなど甘みの強いいもが出回るようになって、家庭でも焼きいもを焼く人が増えてきました。いも類は、加熱することで甘みが出てくるので、おいしい焼きいもを作るためには、じっくり加熱することが大切です。

でも、実際に家でいもを焼こうとすると、オーブンや魚焼きグリルを使うのはけっこう面倒だし、オーブントースターだと、いもの大きさにもよりますが1時間以上かかってしまうことがあります。電子レンジはスピーディーですが、皮に焼き色をつけることができません。

その点、アルミホイルを活用してフライパンで焼けば、40分ほどで中までしっかり火が通り、皮に香ばしい焦げ目もつきます！

さつまいもは水洗いし、ピッタリとアルミホイルで包んでおくのがポイントです。

こうすることで、熱の通りがよくなり、効率よく蒸し焼きにできます。
あとは、フライパンに入れてフタをし、弱火でじっくり焼いていくだけ。中までしっかり加熱された、甘みたっぷりの焼きいもになります。

フライパン recipe

焼きいも

準備　**フライパン＋フタ＋アルミホイル**

材料

さつまいも／適量
（一番太いところが 4㎝くらいのもの）

作り方

①さつまいもは水洗いし、アルミホイルでピッタリと包む。
②フライパンを弱火にかけ、①のさつまいもを入れてフタをする。フライパンが十分熱くなってから 20 分焼き、裏返してさらに 20 分焼く。
③竹串で刺してスーッと刺されば焼き上がり。

かつおのたたき

それぞれの面を40秒ずつ、こんがり焼きつける

初夏に出回る初がつおは、なんといってもたたきでいただくのが一番。スーパーなどで焼き色をつけて売られているものもありますが、刺身用のサクを買ってきて、食べる直前に自宅で火を入れてたたきにしたほうが、いっそうおいしくいただけます。

家庭で焼く場合、串に刺して直火で焼くのはけっこう大変ですが、フライパンを使えば、串も必要ないし、誰でも上手に焼き色がつけられ、手軽に本格的なたたきが味わえます。

この場合、かつおがフライパンにくっついてしまわないように、フライパンを十分に温めたら、薄く油をひいておきます。

そこに塩をふったかつおを入れ、強火で一気に焼いていきます。サクの大きさや好みにもよりますが、目安は1面約40秒。これぐらい焼いても中まで火が入ってしまう

ことはありません。

全部の面に焼き色をつけたら、まな板にのせ、切り分けます。本格的な藁焼きなどで焼いた場合は余熱で火が入り過ぎるのを防ぐために氷水にとりますが、フライパンで焼いた場合はそこまで熱くならないので、氷水にとる必要はありません。

フライパン recipe

かつおのたたき

準備　フライパン

材料

かつお（刺身用）／1節
塩／少々
サラダ油／少々

作り方

①フライパンを弱火にかけ、十分温まったらサラダ油を入れてなじませ、余分な油はキッチンペーパーで拭き取る。
②かつおに塩をふってフライパンに入れ、強火にする。そのまま40秒焼いて、フライパンをゆすってフライパンに接している面がこんがりしてきたら、焼く面を変える。同様にすべての面を焼き、まな板にとる。
③ひと呼吸おいて、切り分ける。

焼き鳥

フライパンを使えば、竹串が焦げないし、均一に火が通る

串に刺した鶏肉を、直火でこんがりと焼き上げた焼き鳥は、酒のつまみの定番中の定番です。

でも、自宅で焼き網や魚焼きグリルを使って焼こうとすると、竹串が焦げたり、肉に均一に火が入らず部分的に黒焦げになったりして、なかなかうまくいきません。

実は、家庭で焼き鳥を焼くなら、グリル等ではなく、フライパンがおすすめです。最初のポイントは、肉を切るときと串に刺すときに、それぞれ厚みが揃うように注意すること。こうしておくだけで、火の通りはかなり均一になります。大きさや形が不揃いでも、厚みさえ揃っていればかまいません。

これを熱したフライパンに入れ、中火にし、フタをして焼いていきます。片面が焼けてきたら上下を返し、再びフタをして焼きます。このとき、フライパンに水分がた

まるようなら、少しフタをずらして蒸気を逃がすこともポイントです。

裏側も焼けたらフタをはずし、もう一度、フライパンに接している面がこんがりするまで焼き、タレをぬって仕上げます。

これなら、家庭でも竹串を焦がすことなく、鶏肉が均一に香ばしく焼き上がります。

フライパン recipe

焼き鳥

準備　18㎝と24㎝のフライパン＋フタ

材料

鶏もも肉／1枚
サラダ油／少々
【タレ】
しょうゆ／1/2カップ
みりん／1/2カップ
砂糖／大さじ1/2
長ねぎ（青いところ）／10㎝
しょうがの薄切り／2枚

作り方

①18㎝のフライパンにタレの材料を合わせ、中火にかける。煮立ったら弱火にし、30分ほど煮詰める。
②鶏肉は皮を取り除き、身の厚いところは包丁を入れて厚みを揃え、2㎝角に切る。
③鶏肉を厚みが揃うように竹串に4切れずつ刺す。
④24㎝のフライパンを弱火にかけ、十分温まったら③を4本並べ入れる。フタをして、中火で焼く。片面がこんがり焼けたら裏返し、フタをしてこんがりと焼く。
⑤フタを取って①のタレをぬり、ぬった面を焼きつける。これを両面に数回繰り返し、照りよく焼き上げる。

とんかつ

とんかつは、口径の広いフライパンがいちばん揚げやすい!

揚げ物を作るたびに、「たっぷりの油を使わなければおいしく揚がらない。でも、油はたくさん使いたくない……」と、悩んでしまう人は多いでしょう。とんかつを何枚も揚げるなら話は別ですが、たった1〜2枚揚げるだけなら、油の量を抑えたいと思うのも当然です。

そんなときこそ、フライパンを活用しましょう。薄めのとんかつ2枚程度だったら、フライパンに3センチほどの油でも、十分おいしく、きれいに揚げられます。

この場合、かつを2枚入れると、ちょうど食材全体が油に浸かるくらいの量になります。少ない油でもかつ全体が浸かっているので、ムラなく全体に火が通ります。最初に下にした面の衣は多少つぶれますが、上を向いている面の衣はしっかり立つので、サクッとした食感で、見た目もおいしそうな状態に揚がります。

油の量を抑えるために、口径の狭い揚げ鍋が流行っていますが、これだと、とんかつのように薄くて平べったいものは1枚ずつしか入れられません。しかも、ひっくり返すのもひと苦労。フライパンなら口径が広いので、一度に2枚十分に入るし、返しやすいのでずっと便利です。

フライパン recipe

とんかつ

準備　**24㎝のフライパン**

材料

豚ロース肉（7～8㎜厚さ）／2枚
塩、こしょう／各少々
薄力粉／適量
溶き卵／適量
生パン粉／適量
揚げ油／適量

作り方

①豚肉は筋切りし、全体をたたいて形をもとに戻す。
②塩こしょうし、薄力粉、溶き卵、パン粉の順に衣をつける。
③フライパンに揚げ油を3㎝高さまで注ぎ、中火にかける。油が170～180度になったら、②を2枚とも、盛りつけるときに表になるほうを上にして入れる。揚げ油は、とんかつを2枚入れたときギリギリに浸るくらいになる。
④ときどきフライパンをゆすって油を全体にいきわたらせながら、3～4分揚げる。パン粉がカリッとして、こんがり色づいたら裏返し、20～30秒揚げて引き上げる。

かき揚げ

うまくまとまらないかき揚げも、フライパンならきれいにまとまる

えびやみつばなど、魚介や野菜を刻んで揚げるかき揚げは、ごはんのおかずはもちろん、丼にしたり、めん類と合わせたり、おつまみにしたりと、いろいろ使える便利な料理です。

でも、「かき揚げは難しいので、作りたくない」という声が多いのも事実。それは、具が細かく刻んであるので、油に入れたときに散らばってしまうから。かろうじてタネがまとまっても、ひっくり返すときに崩れてしまうこともあるようです。

かき揚げが苦手という人は、ぜひ、フライパンを使って揚げてみてください。少ない油で揚げられ、しかもタネがきれいにまとまります。

油の量はフライパンに高さ2センチほどでＯＫ。タネを入れると下側がフライパンにつくので、すぐに火が通ってタネがまとまります。このとき、そのままタネがフラ

こんもりと
しないように、
厚みが
揃うように
入れる。
スプーンで、
油に静かに
すべり込ませる。
揚げ油は2cmでOK。
中火にかける。
170〜180度。
底が
焦げないように、
フライパンを
ときどきゆする。
point!
中火
表面に油を
スプーンですくって
かけながら揚げる。
中央に菜箸2本を
間をあけて突き刺して、
油の通り道を作る。
形が悪くなるので、
裏返さないで揚げる。
上手に
できた♪
そのままそ〜っと

イパンにくっついてしまわないように、ときどきフライパンごとゆするのがコツです。

油に浸かっていない部分には、油をスプーンですくってかけながら揚げます。これで形が崩れることなく、中までしっかり火が通ります。

この方法で最後までひっくり返さずに揚げたほうが、きれいに揚がります。

フライパン recipe

かき揚げ

準備　**24cmのフライパン**

材料

えび／100g　　みつば／1束
さつまいも／1/5本（50g）
薄力粉／大さじ1　揚げ油／適量
【衣】
溶き卵1/2コ＋冷水で1/2カップ
薄力粉／1/2カップ

作り方

①えびは背わた、殻、尾を取り除いて1cm幅に切る。みつばも1cm幅に切る。さつまいもは1cm角に切り、水洗いして水気をきる。
②①をボウルに入れて混ぜ合わせ、薄力粉をふり入れてまぶす。
③別のボウルに衣の材料を合わせ、大きく5回混ぜる。②を加え、衣が全体にいきわたるように混ぜる。
④フライパンに揚げ油を2cm高さまで入れ、中火にかける。170～180度になったら、大きめのスプーンを油でぬらしてから③のタネをすくい、形を整えるように、油に静かにすべり込ませる。
⑤タネがフライパンの底についているので、焦げないようにフライパンをときどきゆする。油につかっていない表面に油をスプーンですくってかけながら揚げる。まわりがしっかりと固まったら、中央に菜箸2本を間をあけて突き刺し、油の通り道を作る。
⑥全体がカリッとしてこんがりと色づいたら引き上げ、油をきる。

油淋鶏

フライパンなら、もも肉1枚を切らずに揚げられる

もも肉1枚を丸ごと揚げる油淋鶏《ユーリンチー》のような揚げ物は、大量の油を入れた中華鍋でしか揚げられないと思っていませんか？

実は油淋鶏も、フライパンを使って高さ3センチくらいの少ない油で、十分おいしく揚げられるのです！

鶏肉に下ごしらえをして、フライパンの油が十分に熱くなったら、皮を下にして油に入れます。このとき、肉がフライパンにくっついてしまわないように、ときどきゆすりながら揚げるのがポイントです。鶏のもも肉はけっこう厚みがあるので、途中で1回返し、さらに揚げます。

中華鍋などでたっぷりの油で揚げると衣がつぶれてしまうことがないのですが、この揚げ方の場合は衣の表面がフライパンにつくので、どうしても少々つぶれてしまい

ます。

でも、油淋鶏は揚げ上がったら切り分け、最後にタレをかけて仕上げる料理なので、少々衣がつぶれても特に問題ありません。それよりは、少ない油で揚げられ、大きなもも肉でも返しやすいという、フライパンならではの利点のほうが大きいでしょう。

フライパン recipe

油淋鶏

準備　**24cmのフライパン**

材料

鶏もも肉／1枚

A
- しょうゆ／小さじ1　　みりん／小さじ1
- 酒／小さじ1

卵黄／1コ　片栗粉／大さじ2　揚げ油／適量

B
- 長ねぎのみじん切り／5cm分
- しょうがのみじん切り／1/2かけ分
- にんにくのみじん切り／1/2かけ分
- しょうゆ／大さじ1　　酢／大さじ1
- オイスターソース／小さじ1
- ごま油／小さじ1　　ラー油／少々

作り方

①鶏肉は肉の厚いところを切り開いて均一にし、Aをもみ込む。

②①に卵黄をからめ、片栗粉をまぶす。

③フライパンに揚げ油を3cm高さまで入れ、中火にかける。170～180度になったら、②を皮目を下にして入れる。ときどきフライパンをゆすり、3～4分揚げる。まわりがカリッとしてきたら裏返し、さらに3～4分揚げて火を通し、引き上げる。

④Bを合わせてタレを作る。③の粗熱がとれたら切り分けて盛りつけ、タレをかける。

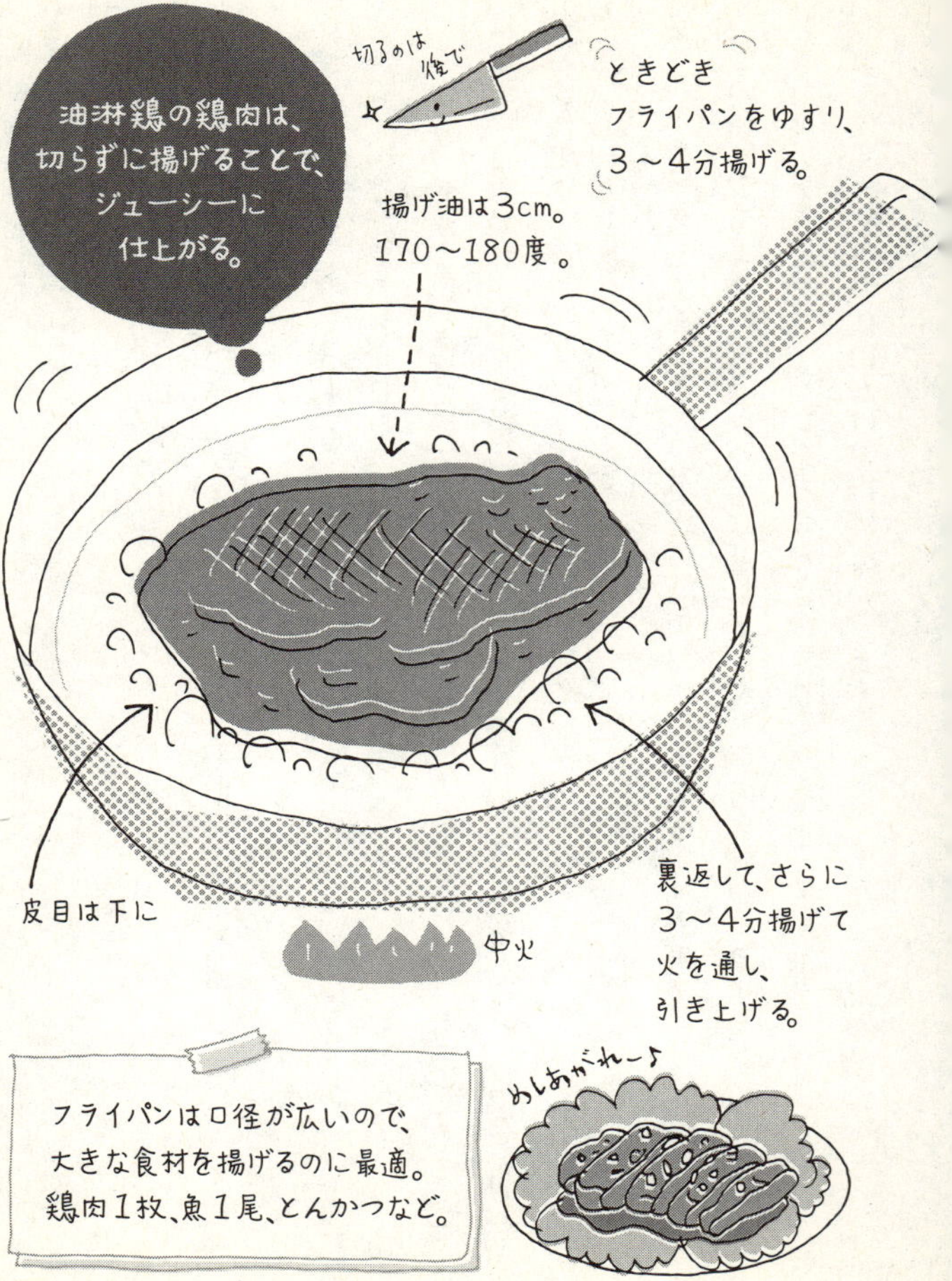
油淋鶏の鶏肉は、
切らずに揚げることで、
ジューシーに
仕上がる。
切るのは後で
ときどき
フライパンをゆすり、
3～4分揚げる。
揚げ油は3cm。
170～180度。
皮目は下に
中火
裏返して、さらに
3～4分揚げて
火を通し、
引き上げる。
フライパンは口径が広いので、
大きな食材を揚げるのに最適。
鶏肉1枚、魚1尾、とんかつなど。
めしあがれ～♪

魚の姿揚げ

魚は裏返す必要なし。身はふっくら、皮はパリッと仕上げるコツ

魚の姿揚げは、魚好きにはたまらない一品。ジューシーなうまみがギュッとつまっていて、揚げたてのおいしさはこたえられません。

しかし、骨がついていて厚みもある姿揚げは、「大きな揚げ鍋がないから、うちでは無理」と思われがち。実際、家庭用の小さい揚げ鍋では魚が丸ごと入らない場合が多いようです。

そんな魚の姿揚げも、たいやいしもちくらいの大きさの魚であれば、フライパンを使って、高さ2センチほどの少なめの油でおいしく揚げられます。

この揚げ方の場合、魚はひっくり返しません。魚の裏側がフライパンにくっついてしまわないようにフライパンをときどきゆすりながら、たえず油をスプーンやおたまなどですくって魚全体にかけて揚げていきます。

骨つきの魚を揚げるときは、温度調整が難しいものですが、このやり方だと油から出ている表面の部分は高温になり過ぎることがなく、しかも油をかけ続けることで中にも適度に熱が伝わり、身はふっくら、皮はパリッと仕上がります。

フライパン recipe

魚の姿揚げ

準備　24㎝のフライパン

材料

魚（たいやいしもち）／1尾
（フライパンに入る大きさ）
塩／少々
酒／大さじ1
片栗粉／適量
揚げ油／適量

作り方

①魚はウロコを落とし、腹わたを取り除く。表面に切り込みを入れ、塩と酒をふる。水気を拭き取り、片栗粉をまぶす。

②フライパンに揚げ油を2㎝高さまで入れ、中火にかける。170～180度になったら、魚を盛りつけるときに表になるほうを上にして入れる。フライパンをときどきゆすり、たえず油をスプーンですくいかけながら、表面にきれいな揚げ色がついてカリッとするまで10～15分揚げる。油は頭から尾まで、まんべんなくかける。

蒸し鶏

レンジより、しっとりおいしい。フタをしたままゆで汁ごと冷ますのがポイント

バンバンジーにしたり、好みのタレで食べたり、サラダにしたりと、さまざまに楽しめる、蒸し鶏。本来はその名の通り、せいろを使って蒸し上げるものですが、最近は電子レンジで作る人も増えています。

でも、レンジで蒸し鶏を作ろうとすると、鶏肉の分量に合わせてしっかりワット数と時間を設定しないと失敗します。特に、加熱し過ぎるとパサパサになり、鶏のうまみもすっかり抜け落ちてしまうのです。

そこでおすすめなのが、フライパンを使って、少量のお湯で蒸しゆでにする方法です。下味をつけた鶏肉をフライパンに入れ、しょうがとねぎをのせたら、鶏肉の厚みの半分くらいまで熱湯を注ぎ、フタをして中火で加熱します。

この方法で蒸しゆでにすると、まず失敗がありません。レンジのように調理時間に

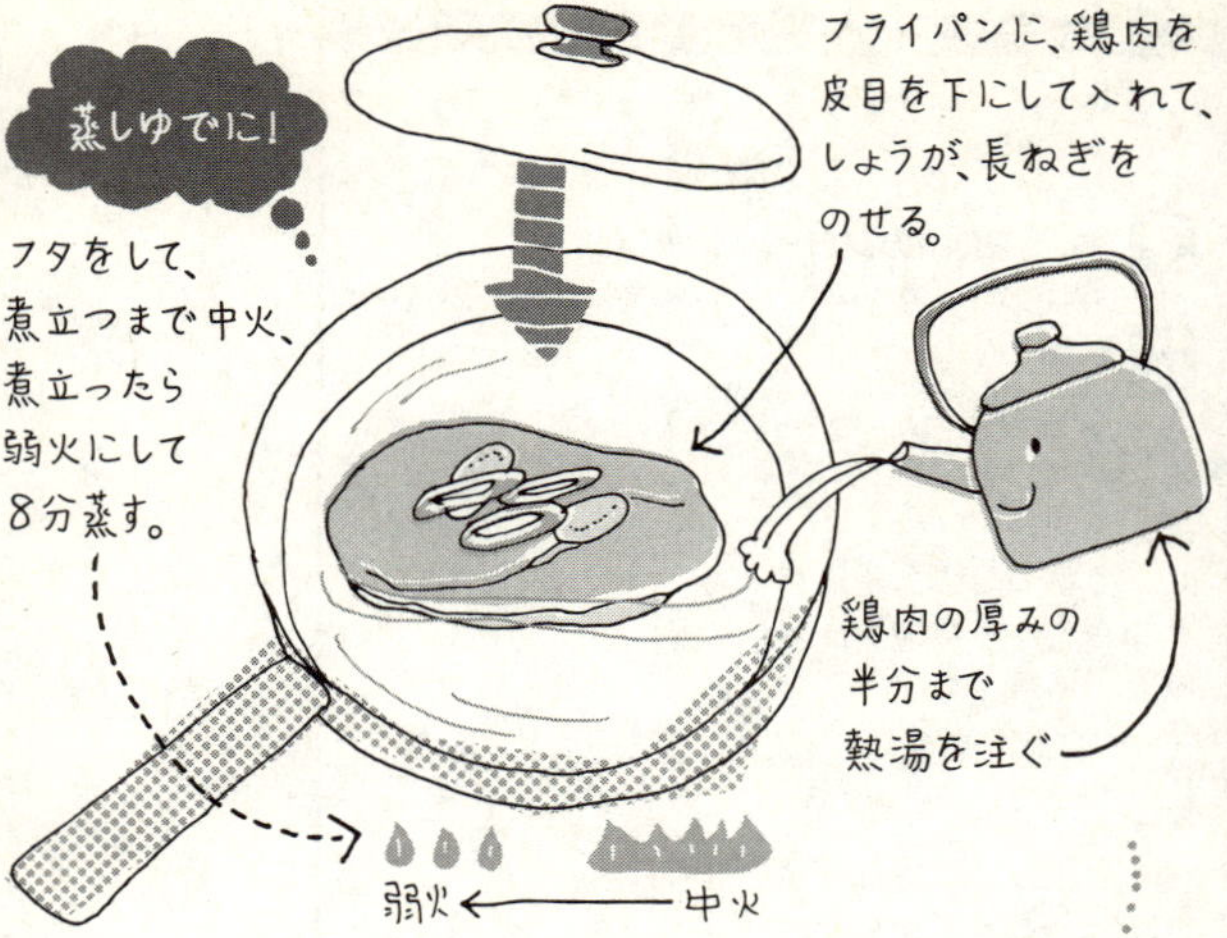
蒸しゆでに!
フライパンに、鶏肉を
皮目を下にして入れて、
しょうが、長ねぎを
のせる。
フタをして、
煮立つまで中火、
煮立ったら
弱火にして
8分蒸す。
鶏肉の厚みの
半分まで
熱湯を注ぐ
弱火
中火

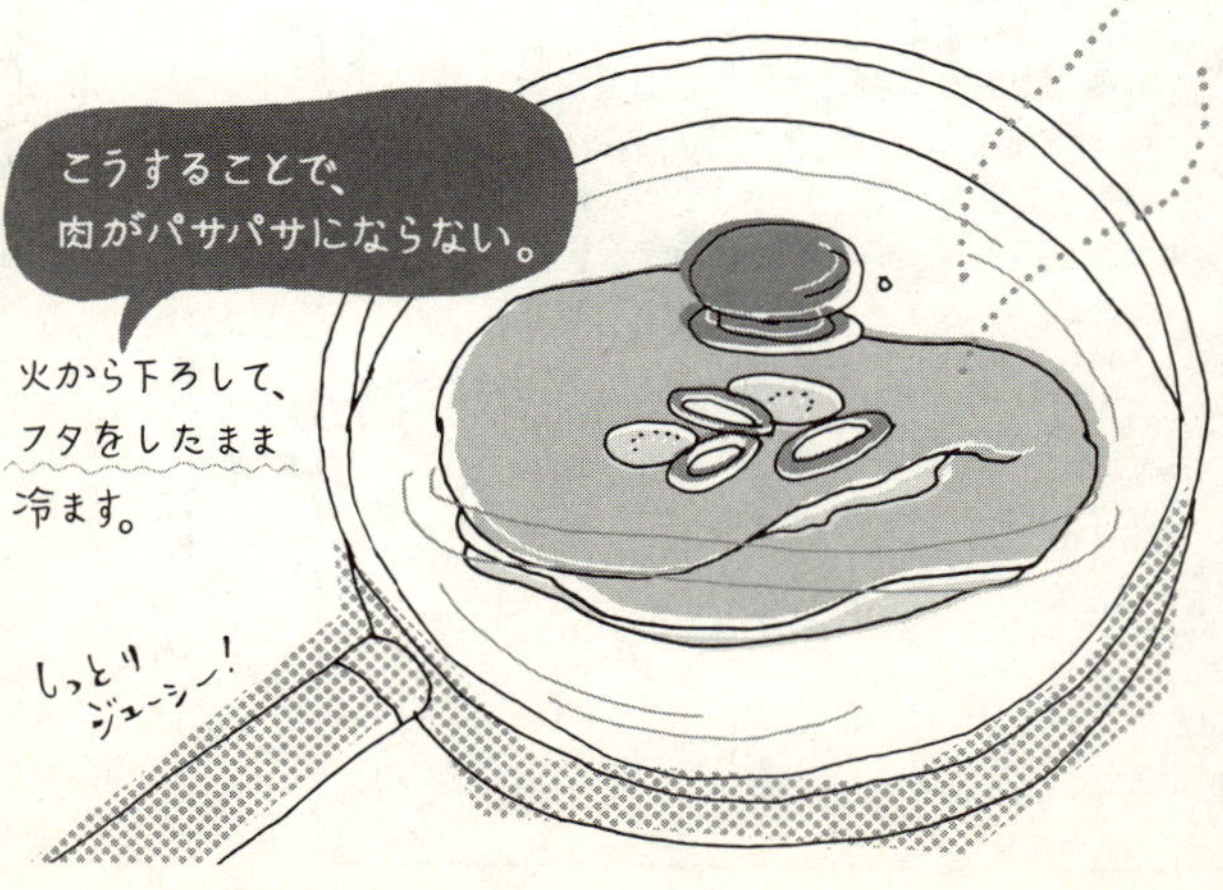
こうすることで、
肉がパサパサにならない。
火から下ろして、
フタをしたまま
冷ます。
しっとり
ジューシー!

神経質にならなくても、ふんわりした蒸し鶏に仕上がります。
　もうひとつの大事なポイントは、冷まし方。加熱後、火から下ろしたらフライパンのフタをとらずにそのまま冷ましましょう。うまみと水分が肉の中に閉じ込められるので、おいしい仕上がりになります。

フライパン recipe

蒸し鶏

準備　20㎝のフライパン＋フタ

材料

鶏肉（むね肉でも、もも肉でも）／１枚（250ｇ）
塩／少々
酒／大さじ１
しょうがの薄切り／２枚
長ねぎの斜め薄切り／３枚
熱湯／適量

作り方

①鶏肉に塩、酒をしっかりともみ込む。
②①を皮目を下にしてフライパンに入れ、しょうが、長ねぎをのせる。
③鶏肉の厚みの半分まで熱湯を注ぎ入れ、フタをして中火にかける。煮立ったら弱火にし、８分加熱する。
④火から下ろし、フタをしたまま冷ます。

きのこのホイル蒸し

ホイルに包んでフライパンで5分！ホイルがふくらんだらできあがり

ごはんのおかずに何かもう一品ほしいときや、ビールや日本酒のつまみに何かほしいとき、手軽に作れるのが、きのこのホイル蒸しです。

しめじなどのきのこ類をアルミホイルで包んで加熱するシンプルな料理ですが、オーブントースターだと時間がかかるし、焼き網を使うと火加減に気を使うので、フライパンを使ったほうがお手軽です。

まず、きのこをアルミホイルで包むとき、空気が入らないように、外側から押さえてぴったりと平たくします。このとき、押さえ過ぎてきのこをつぶさないように注意してください。

あとは、そのままフライパンに入れ、フタをして中火で加熱するだけ。

5～6分したらフタを開けてみて、アルミホイルがふくらんできたら、蒸し上がりのサインです。

ホイルごと皿に移してテーブルへ。ホイルを開くと、きのこのおいしい香りがふわーっと広がり、食欲をそそります。

フライパン recipe

きのこのホイル蒸し

準備　**フライパン＋フタ＋アルミホイル**

材料

しめじ／200ｇ

作り方

①しめじは石づきを取ってほぐす。
②①をアルミホイルで包む。中に空気が入らないように、しめじがつぶれない程度に押さえて平たくピッタリと包む。
③②をフライパンに入れてフタをし、中火にかける。フライパンが温まってから５～６分たち、ホイルがふくらんできたらできあがり。

きのこをアルミホイルで包む。
空気が入らないように
平たくピッタリ包む。
ピッタリ
きのこを
つぶさない
ように！
できあがり！
5〜6分で
ホイルが
ふくらんでくる。
フライパンに入れて
フタをして
中火で蒸し焼き。
ぷー
中火

たいの姿蒸し

オーブンシートを敷いて、蒸し器いらず＆盛りつけ上手

たいそのものの味わいが丸ごと堪能できる姿蒸しは、おいしいたいが手に入ったらぜひ試してほしい料理です。

「たいを丸ごと調理できるちょうどいい鍋はないし、扱いづらいし……」と、心配する必要はありません。500~600グラムぐらいの大きさだったら、フライパンで丸ごと蒸せます。しかも、蒸し器もせいろも必要ないので、思った以上にお手軽にできます。

ここで活躍するのが、オーブンシート。最初に、フライパンの口径より少し大きめに切っておきましょう。これをフライパンに敷きます。

その上にねぎやしょうがと一緒に魚をのせ、酒をふったら、オーブンシートの下に熱湯を1センチほど静かに注ぎ入れ、フタをして中火で加熱して蒸し上げるのです。

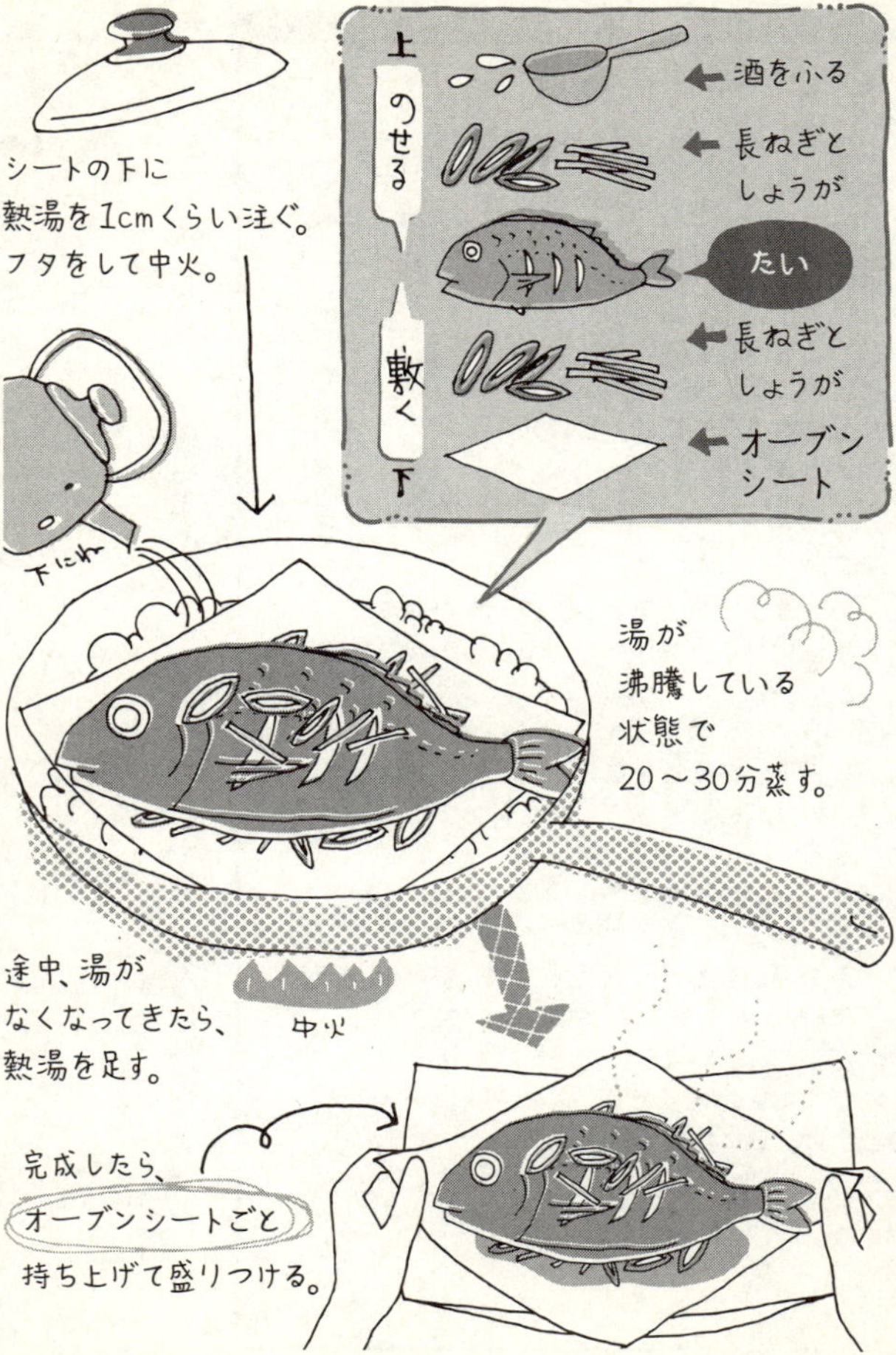
シートの下に
熱湯を1cmくらい注ぐ。
フタをして中火。
上
のせる
敷く
下
酒をふる
長ねぎとしょうが
たい
長ねぎとしょうが
オーブンシート
下にね
湯が沸騰している状態で20～30分蒸す。
途中、湯がなくなってきたら、熱湯を足す。
中火
完成したら、オーブンシートごと持ち上げて盛りつける。

皿などの器を使わず、オーブンシートが敷いてあるだけなので、たい全体にまんべんなく蒸気があたり、中までしっかり火が通ります。

また、蒸し上がったら、オーブンシートごと持ち上げて皿にのせれば、盛りつけで手こずることがないのも大きな利点。見た目も豪華で、テーブルが華やぎます。

フライパン recipe

たいの姿蒸し

準備　24㎝のフライパン＋フタ＋オーブンシート

材料

たい／１尾（500 ～ 600ｇ）
塩、こしょう／各少々
長ねぎの斜め薄切り／ 1/2 本分
しょうがの細切り／１かけ分
酒／大さじ１

作り方

①たいはウロコを落とし、腹わたを取り除く。表面に切り込みを入れて、塩こしょうをすり込み、20 分おく。
②フライパンにオーブンシートを敷いて長ねぎとしょうがの半量を広げ入れ、たいをのせる。残りの長ねぎとしょうがをたいの上にのせ、酒をふる。
③オーブンシートの下に熱湯を１㎝くらい注ぎ入れ、フタをし中火にかける。オーブンシートの下の湯がしっかりと煮立っている状態で 20 ～ 30 分加熱する。湯がなくなってきたら、温度が下がらないように熱湯を足す。
④たいに火が通ったら、オーブンシートごと持ち上げ、皿に盛りつける。

茶わん蒸し

深めのフライパン＋ドーム型のフタで、蒸し器がなくても大丈夫

蒸し料理の中でも、抜群の人気を誇る、茶わん蒸し。和食の中でも難しい料理のイメージがあるので、さすがに蒸し器がないと上手に作れないと思っていませんか？

本来、茶わん蒸しは熱が強いとスが立ちやすいので、弱い熱でじっくりと蒸したい料理です。ですから、口径が広いフライパンは、蒸気がいっぱい出て熱が強くなり過ぎるため、もともとは茶わん蒸し作りには適していません。

でも、ちょっとしたポイントをおさえるだけで、フライパンでも問題なく、十分おいしく茶わん蒸しが作れます。必要なのは、高台があるフタつきの蒸し茶わんと、それが丸ごと収まる深めのフライパン、ドーム型のフタ、そして厚手のふきんです。

まず、フライパンにふきんを敷き、湯を高さ2センチほど注いでしっかり煮立てます。そこに準備しておいた蒸し茶わんを入れて蒸し上げます。フタつきの蒸し茶わんを使

えば水滴が食材に落ちる心配がないので、フタにふきんをはさむ必要はありません。

このやり方なら、蒸し茶わんの高台と底に敷いたふきんが熱のあたりをやわらげ、じっくりと優しく蒸し上げることができます。また、厚手のふきんは、蒸し茶わんのがたつきや、フライパンに傷がつくのも防いでくれます。

フライパン recipe

茶わん蒸し

準備　深いフライパン＋ドーム状のフタ＋高台があるフタつき蒸し茶わん＋厚手のふきん

材料

卵／１コ　　だし汁／１カップ
塩／小さじ 1/4　　しょうゆ／小さじ 1/2
みりん／小さじ２
鶏もも肉（1㎝厚さのそぎ切り）／50ｇ
えび（背わたを取り除いて殻をむく）／小４尾
しめじ（石づきを取ってほぐす）／30ｇ
かまぼこ／２切れ　　みつば／少々

作り方

①だし汁を煮立て、塩、しょうゆ、みりんで味を調え、鶏肉、えび、しめじを加える。ひと煮立ちしたら火を止め、人肌に冷ます。
②フタつきの蒸し茶わんに①の具と、かまぼこを入れる。
③卵を溶きほぐし、①の煮汁を加えて混ぜ合わせ、目の細かいザルでこす。
④③の卵液を②に注ぎ、蒸し茶わんのフタをする。
⑤フライパンに厚手のふきんを敷いて湯を 2㎝高さまで注ぎ、中火にかける。沸騰したら④を入れてフライパンにフタをして３分蒸し、弱火にしてさらに 15 分蒸す。
⑥竹串を刺して蒸し上がりを確かめる。竹串を刺したところから澄んだだし汁があがってきたら、みつばをのせてフタを戻し、１分たったら火を止めて取り出す。

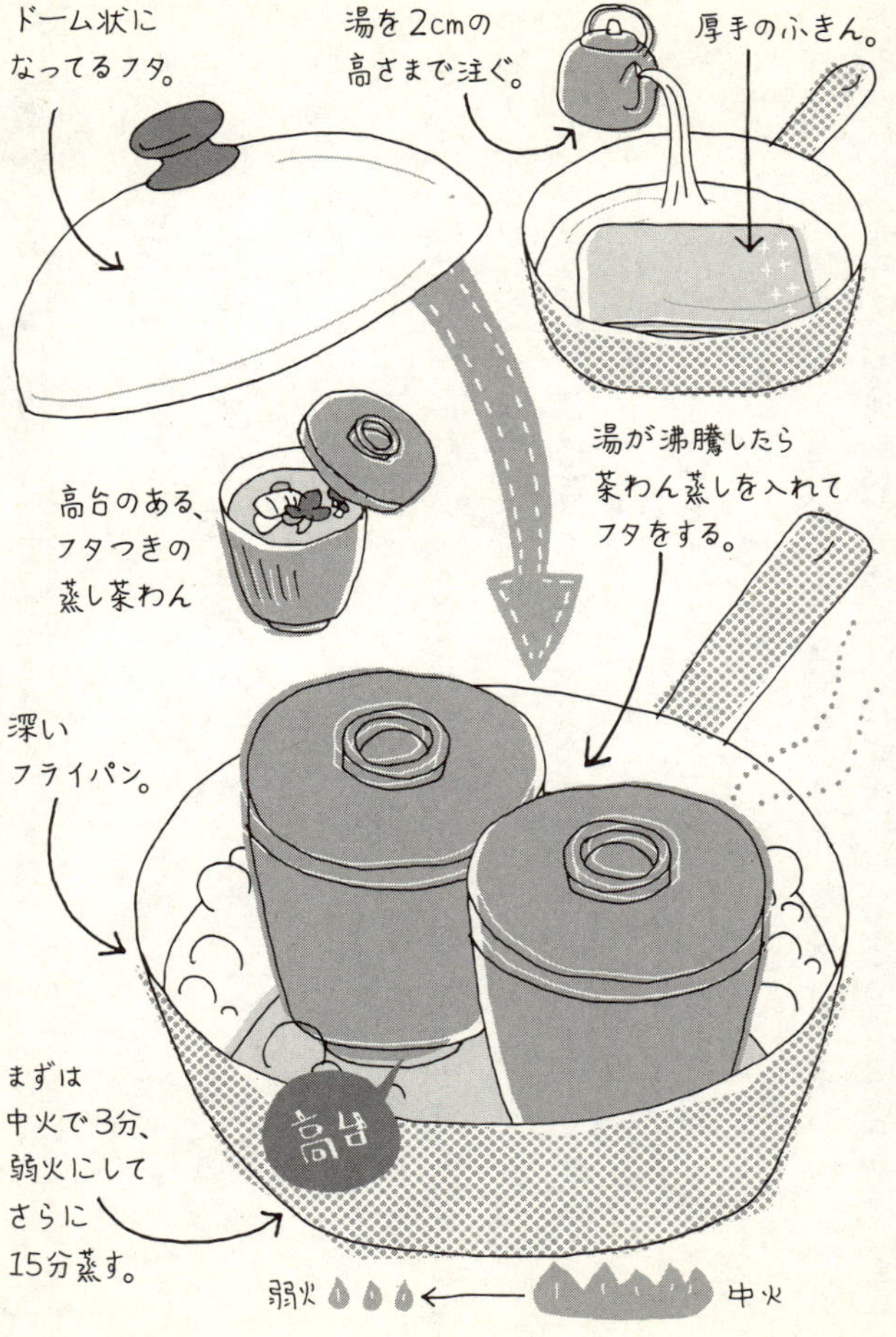
ドーム状になってるフタ。
湯を2cmの高さまで注ぐ。
厚手のふきん。
湯が沸騰したら茶わん蒸しを入れてフタをする。
高台のある、フタつきの蒸し茶わん
深いフライパン。
まずは中火で3分、弱火にしてさらに15分蒸す。
高台
弱火
中火

スペアリブの豆豉蒸し

縁がある鉢ごと蒸して、完成したらそのまま食卓へ

豚の骨つきバラ肉を豆豉《トウチ》のきいた調味液に漬けてから蒸し上げるスペアリブの豆豉蒸しは、豚肉好きにはたまらない、本格的な中華料理です。

とても家庭では簡単に作れない！と思われがちのこんな料理も、蒸し器もせいろも使わずに、フライパンで手軽に作れてしまいます。

この場合、フライパンに高さ３センチほど湯を注ぎ、そこに下ごしらえしておいたスペアリブを入れた鉢を置き、中火で蒸します。

そのため、深めのフライパンを用意すること、フライパンの底に厚めのふきんを敷いて鉢のがたつきを抑えること、そして、蒸している間に煮立った湯が食材に直接かからないように高台があって縁がある鉢を選ぶことが大切です。

その点さえ守れば、火加減などにそれほど神経質にならなくても、柔らかくておい

しいスペアリブが蒸し上がります。

しかも、鉢ごと蒸す料理なので、蒸し上がったらそのままテーブルに出せ、すぐにいただけます。

香菜を添えると、香りも彩りもよく、いっそう食欲をそそります。

フライパン recipe

スペアリブの豆豉蒸し

準備　**深めのフライパン＋フタ＋高台と縁がある鉢＋ふきん**

材料

豚スペアリブ（5～6㎝）／6本（300ｇ）
香菜／適宜

A
- 豆豉（刻む）／大さじ1
- しょうゆ／大さじ1/2
- 紹興酒／大さじ1
- 赤唐辛子（ちぎる）／1本
- にんにくの薄切り／1/2かけ分

作り方

①スペアリブにAをもみ込み60分おく。
②①を高台のある鉢に並べ入れる。
③フライパンにふきんを敷いて、湯を3㎝高さまで注ぎ、②を入れる。フタをして中火にかける。
④沸騰した湯が、鉢の中に入らない程度の火加減で30～40分蒸す。
⑤途中、湯がなくなるようなら熱湯を足す。
⑥スペアリブに火が通ったら、鉢ごと食卓へ。好みで香菜を添える。

きんめだいの煮つけ

フライパンなら、臭みが抜け、煮崩れせず、煮汁がこってりと、いいことずくめ

きんめだいの煮つけといえば、和食を代表するメニューのひとつです。

魚の煮つけは、魚のうまみがどんどん流れ出てしまわないように、少なめの煮汁をまんべんなく魚にいきわたらせて煮るのが理想。そのため、本来は浅めの平鍋で落とし蓋を使って煮ます。

「でも、浅めの平鍋は持っていないし……」という人でも、口径18センチのフライパンなら持っているのではないでしょうか？ 小さめのフライパンは平鍋とよく似た形をしているので、これを使えば問題なく、おいしい煮魚が作れます。

フライパンは平鍋同様、魚の切り身を重ねずに入れられるので、煮崩れしにくく、味ムラも防げます。しかも、蒸気がどんどん立って逃げやすいため、魚の臭みが早くとびます。その上、煮詰まりやすいので、こってりした味わいに仕上がるなど、まさ

にいことずくめ！

コツとしては、煮汁をしっかり煮立ててから魚を入れ、再び煮立ったら火を弱め、煮汁を魚にかけてから落とし蓋をすること。そして、煮ている間はときどきフライパンを優しくゆすること。これで熱のあたりがいっそう均一になります。

フライパン recipe

きんめだいの煮つけ

準備　**18cmのフライパン＋落とし蓋**

材料

きんめだい／２切れ

A
- 水／１ 1/4 カップ
- 酒／大さじ１
- 昆布の細切り／3cm角分

B
- しょうゆ／大さじ１
- みりん／大さじ 1/2
- 砂糖／小さじ１

作り方

①フライパンにAを合わせて 20 分おく。
②①を中火にかけ、煮立ったらBを加える。
③煮汁がしっかりと煮立ったら、きんめだいを入れる。再び煮立ったら火を弱め、表面に煮汁をかけて落とし蓋をする。
④ときどきフライパンをゆすって煮汁全体の温度を一定に保ち、表面に煮汁をかけながら 10 分ほど煮る。
⑤きんめだいにほぼ火が通ったら少し火を強め、２～３分煮汁を煮詰めてきんめだいにからめる。

もつの煮込み

フライパン全体から立ち上る水蒸気と一緒に不快な臭みもとんでいく

材料が安くて、しかも栄養がいっぱいとれるもつの煮込みは、酒のつまみとしてはもちろん、ミネラルやビタミンを豊富に含んだメニューとして、女性の間でも人気が高まっています。

一般的には、下ゆでしたもつを調味料と合わせ、鍋でじっくり3時間煮込んで作りますが、においの強い素材を煮込む料理なので、実はフライパンがおすすめです。

一番のポイントは、フライパンは口径が広いので、普通の鍋よりも水蒸気がどんどん出やすいということ。そのため、もつ独特の不快な臭み成分を水蒸気と一緒に早くとばすことができるのです。

フライパンに湯と調味料を入れて煮立て、下ゆでしたもつを加えたら、弱火で約3時間じっくり煮ます。もし、早く煮詰まり過ぎてもつの表面が煮汁から出てしまうようだったら、途中で湯を足します。もつをしっかり煮たら、こんにゃく、大根、長ねぎなどの野菜を入れ、さらに30分ほど煮ます。

臭みがとんで、内臓のにおいが苦手な人にもすすめられる、さっぱりしたもつの煮込みの完成です。

フライパン recipe

もつの煮込み

準備　**24㎝の深いフライパン＋落とし蓋**

材料

豚白もつ /300ｇ

A
湯／５カップ
酒／1/4 カップ
砂糖／大さじ２
みそ／大さじ５

こんにゃく／1/2 枚
大根／1/2 本
長ねぎ／１本

作り方

①豚白もつはたっぷりの湯で２～３分ゆで、水にとって洗い、水気をきる。

②フライパンにＡを合わせて中火にかけ、①を入れる。煮立ったら少し火を弱め、しっかりと煮立てながら３時間煮る。フタをせず、煮汁を蒸発させながら煮ることで、不快な臭みの成分を一緒にとばす。もつが煮汁から出ないように、適宜湯を足す。

③こんにゃくはひと口大に切ってゆで、大根は5㎜厚さのいちょう切り、長ねぎは小口切りにする。

④②に③を加え、落とし蓋をしてさらに 30 分煮る。

ひじきの煮物

炒めて煮詰める、フライパンは和のお惣菜作りにも最適

お弁当のおかずや小鉢料理にさっと使えるひじきの煮物は、作っておくと便利な定番メニューのひとつ。

ひじきの煮物のように素材を炒めてから煮る料理が和食のお惣菜にはけっこうありますが、そんなメニューこそ、フライパンがだんぜんおすすめです。

フライパンは口径が広いので、一般的な鍋に比べて、素材を大きく広げることができます。つまり、炒める際に素材を十分に動かしやすいので、加熱ムラ、味ムラになりにくいのです。

ひじきを炒め終わったら、にんじん、こんにゃく、油揚げを加えてさらに炒め、水と調味料を加えます。煮立ってきたら火を弱め、落とし蓋をして約20分ほど煮ていきます。煮ている間も、フライパンで作ると素材が広がっているので、味が均一にいき

わたります。

あとは、ほとんど汁気がなくなればできあがり。冷ますときは、落とし蓋をしたままにしておくのもコツです。そのほうが味がしっかり素材に入ります。

フライパン recipe

ひじきの煮物

準備　**24㎝のフライパン＋落とし蓋**

材料

芽ひじき（乾燥）／30ｇ
にんじん／1/4本
細切りこんにゃく／50ｇ
油揚げ／1枚
サラダ油／大さじ1/2

A
水／1　1/2カップ
砂糖／大さじ1/2
しょうゆ／大さじ1　1/2
塩／小さじ1/2

作り方

①芽ひじきは水でもどし、水洗いして水気をきる。にんじんは細切り、こんにゃくは下ゆで、油揚げは細切りにして油抜きする。
②フライパンを弱火にかけ、十分温まったらサラダ油を入れてなじませる。ひじきを入れ、中火で炒める。水気がとんでひじきにツヤが出たら、にんじん、こんにゃく、油揚げを加えて炒める。
③にんじんがしんなりしたらAを加え、煮立ったら少し火を弱めて落とし蓋をして20分煮る。
④ほとんど汁気がなくなったら火を止め、落とし蓋をしたまま冷ます。

牛肉のしぐれ煮

底辺の広いフライパンの特徴を利用して、手早く煮からめる

薄切りの牛肉を砂糖、しょうゆ、しょうがなどでさっと煮て作るしぐれ煮は、野菜の煮物のようにじっくり煮込む料理ではありません。しょうゆをベースにした濃い味を、さっと肉にからめて仕上げる料理です。

この、「手早く煮からめる」は底辺の広いフライパンの得意技なので、ぜひフライパンで作ってみてください。

調味料を中火で煮立たせ、そこに牛肉、しょうがの順で入れます。再び煮立ったら火を弱めて、手早く味を肉に煮からめ、煮汁がなくなればできあがりです。

ポイントは、肉を煮るとき、フライパンの全面を使ってよく混ぜながら、できるだけ手早く煮詰めることですが、この作業が一般的な鍋よりフライパンのほうがやりやすいのです。

大きく手早く肉を動かすことで味が均一になり、素早く全体に火が通るため、肉が固くならずに仕上がります。

しょうがと肉の香りと、しょうゆの香ばしさが食欲をそそり、ごはんが進むおかずの完成です。

フライパン recipe

牛肉のしぐれ煮

準備　**24cmのフライパン**

材料

牛もも薄切り肉／250g
しょうがのみじん切り／大さじ3

A	
	酒／大さじ2
	砂糖／大さじ1
	みりん／大さじ2
	しょうゆ／大さじ2

作り方

①牛肉は2cm幅に切る。
②フライパンにAを合わせて中火にかける。煮立ったら牛肉を入れ、さっと混ぜてしょうがを加える。
③再び煮立ったら火を少し弱め、フライパン全体を使って大きく混ぜながら、手早く煮詰めていく。
④煮汁がなくなればできあがり。

オニオングラタンスープ風

オーブンを使わずに再現！ フライパンで作る裏ワザレシピ

本格的なオニオングラタンスープは、玉ねぎをあめ色になるまでじっくり炒めてからスープを作り、バゲットとチーズを浮かべてオーブンで焼き上げます。これを自分で作るとなると、玉ねぎを炒めるのが大変だし、オーブンも使わなければならないのでかなり面倒。そこで、家庭で作るなら、口径24センチと18センチの大小2つのフライパンを使って作る「オニオングラタンスープ風」がおすすめです。

大きいほうのフライパンでは、玉ねぎの薄切りを濃いあめ色になるまでじっくり炒めます。食材を炒めて色づけるのは、もともとフライパンの得意分野。普通の鍋だと火加減が難しく時間もかかるので、フライパンを使ったほうがラクです。玉ねぎが炒め上がったら湯を注ぎブイヨンの素を入れて煮立てれば、スープそのものは完成です。

小さいほうのフライパンは、スープに浮かべるバゲットを焼いたり、細切りチーズ

〈24cmのフライパン〉

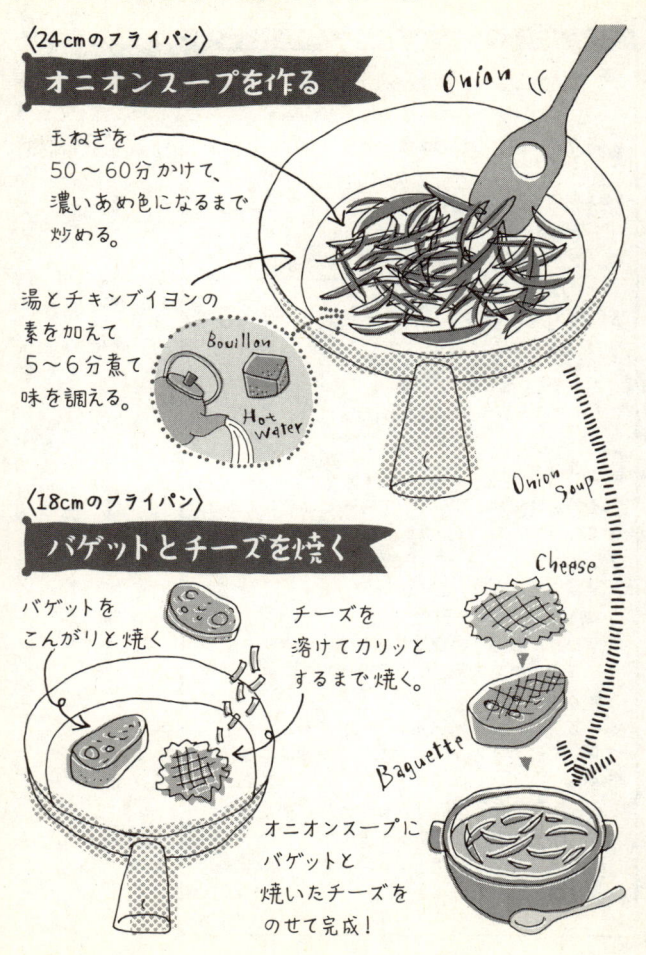

オニオンスープを作る

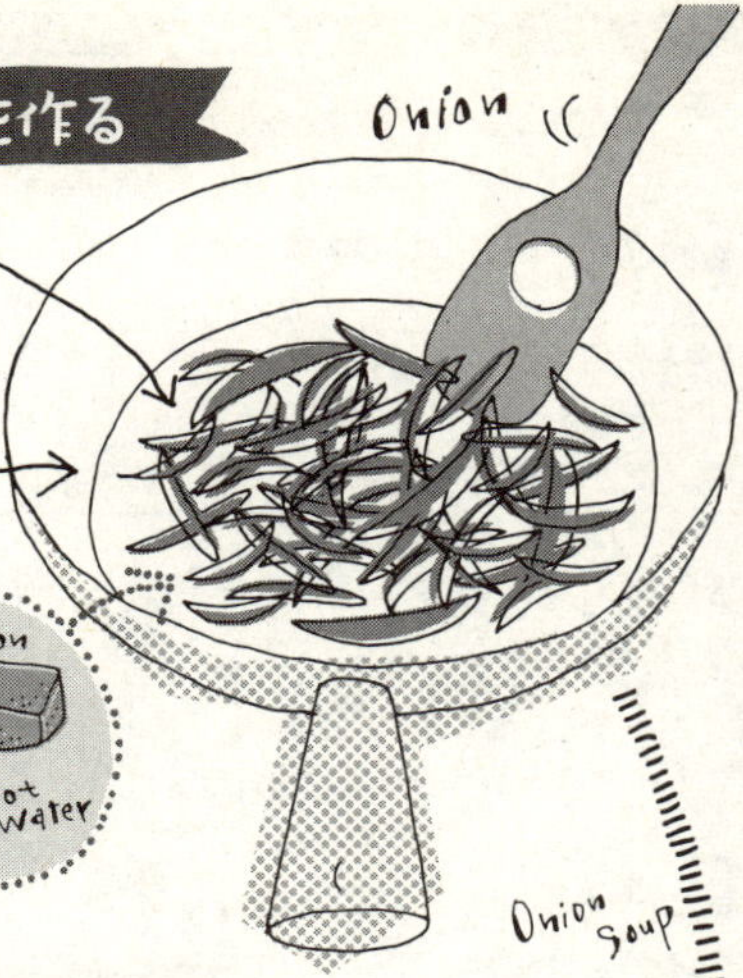

玉ねぎを
50～60分かけて、
濃いあめ色になるまで
炒める。

湯とチキンブイヨンの
素を加えて
5～6分煮て
味を調える。

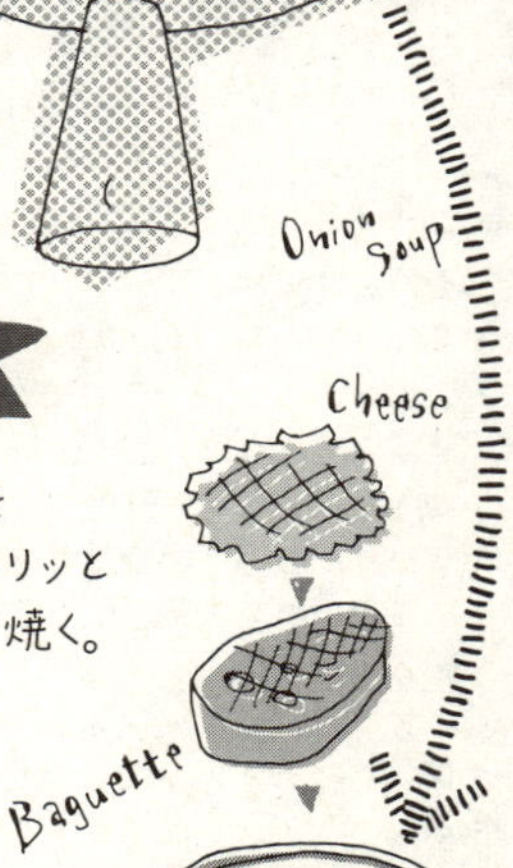

〈18cmのフライパン〉

バゲットとチーズを焼く

バゲットを
こんがりと焼く

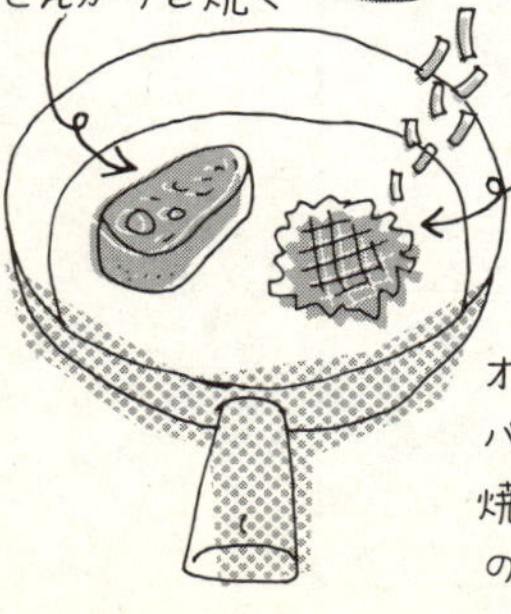

チーズを
溶けてカリッと
するまで焼く。

オニオンスープに
バゲットと
焼いたチーズを
のせて完成！

を直径5~6センチの薄い円形に広げてカリッと焼くのに使います。

スープを器に注ぎ、バゲットを浮かべて、その上に焼いたチーズをのせてできあがりです。玉ねぎの深い味わいはもちろん、オーブンで焼き上げたような、カリカリした食感と香ばしい風味が楽しめます。

フライパン recipe

オニオングラタンスープ風

準備　**24㎝と18㎝のフライパン**

材料

玉ねぎ／4コ　　オリーブ油／大さじ1

湯／2カップ　　チキンブイヨンの素／1コ

A
- 塩／少々
- こしょう／少々
- おろしにんにく／少々

バゲット（1㎝厚さ）／2枚

グリュイエールチーズ（細切り）／20g

作り方

①玉ねぎは繊維にそって、できるだけ薄く切る。

②24㎝のフライパンを弱火にかけ、十分温まったらオリーブ油を入れてなじませる。①の玉ねぎを入れて強火で炒め、水気がとんだら徐々に火を弱め、50～60分かけてよく炒める。

③玉ねぎが濃いあめ色になったら、湯とチキンブイヨンの素を加え、5～6分煮立ててAで味を調える。

④バゲットにオリーブ油少々（分量外）をぬって、18㎝のフライパンでこんがりと焼き、取り出す。

⑤④のフライパンにグリュイエールチーズを5～6㎝の円形に2コ広げ入れ、弱火にかけてチーズが溶けてカリッとするまで焼く。

⑥③を器に注ぎ、バゲットを浮かべて⑤のチーズをのせる。

カレーピラフ

炒める、炊く、蒸らすが、すべてひとつのフライパンで

子どもから大人まで人気のカレーピラフ。最近では、カレー粉などの調味料と米、炒めた具材を混ぜ合わせて、炊飯器で炊き上げる作り方もあるようです。本来のピラフは生米を油で炒めてから炊き上げるので、「炊飯器のほうがお手軽」と思っている人がいるかもしれません。
でも炊飯器で作る場合も、先に具材をフライパンで炒めるのが一般的です。だったら、最初から最後までひとつのフライパンで作ったほうが、手軽だと思いませんか？

さっそく、作り方をざっと追ってみましょう。

フライパンを十分に熱したら、油をひき、玉ねぎなど野菜のみじん切りと牛ひき肉を中火で炒め、カレー粉を加えてさらに炒めて香りを出します。そこに油を足して、米を加えて一緒に炒めてしまいます。米が透き通ってきたら、湯と調味料を加えて強

火で煮立て、煮立ったら弱火にし、フタをして炊き上げるのです。
この作り方なら、見てきた通り、最初から最後まで、ひとつのフライパンで作れます。やってみると意外と簡単だし、お米もべたつかず、本格的なピラフならではの、お米がサラッと粒だった仕上がりになります。

フライパン recipe

カレーピラフ

準備　**24㎝のフライパン＋フタ**

材料

米／1合　にんにくのみじん切り／1/2かけ分
牛ひき肉／100g
玉ねぎのみじん切り／1/3コ分
にんじんのみじん切り／1/4本分
カレー粉／大さじ1　サラダ油／大さじ1 1/2
ピーマンのみじん切り／1コ分

A
湯／1カップ　ローリエ／1/2枚
塩／小さじ1/3　こしょう／少々
ウスターソース／大さじ1

作り方

①フライパンを弱火にかけ、十分温まったらサラダ油大さじ1、にんにくを入れて炒める。香りが立ったら牛ひき肉を加えて中火にし、カリッとするまで炒める。玉ねぎ、にんじんを加えてさっと炒め、カレー粉を加えて炒め合わせて香りを立たせる。
②サラダ油大さじ1/2を足し、米を加えて炒める。焦がさないように火加減を調節し、米の表面が透き通っるまでしっかりと炒める。
③②にAを加え、強火にして手早く混ぜる。煮立ったら弱火にし、フタをして水気がなくなるまで12～13分火にかける。
④最後に10秒強火にかけ、余分な水分をとばして火を止め、そのまま10分蒸らす。ピーマンを混ぜ合わせる。

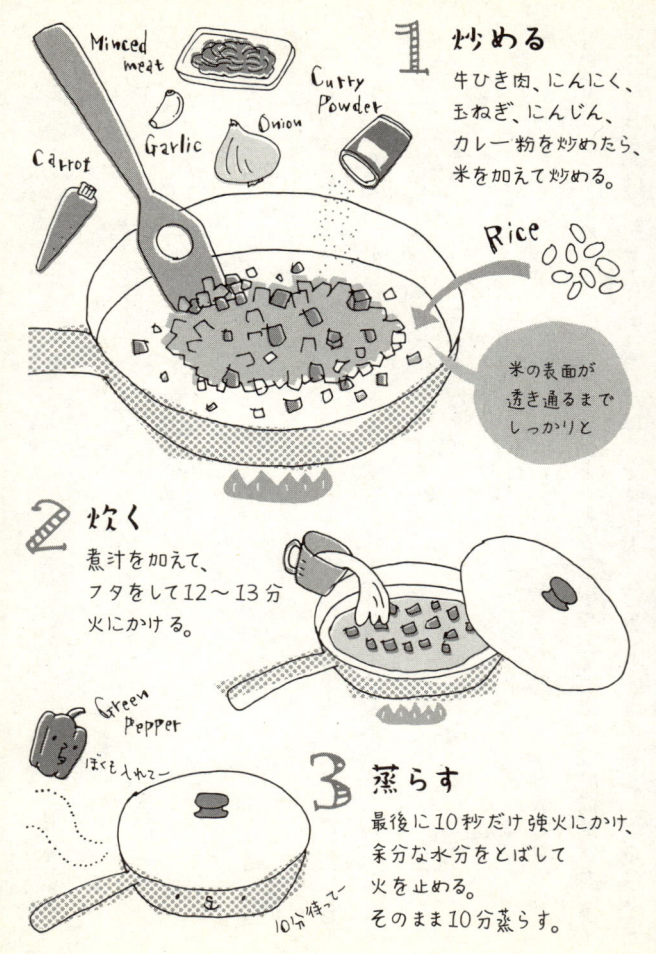

1 炒める

牛ひき肉、にんにく、
玉ねぎ、にんじん、
カレー粉を炒めたら、
米を加えて炒める。

2 炊く

煮汁を加えて、
フタをして12～13分
火にかける。

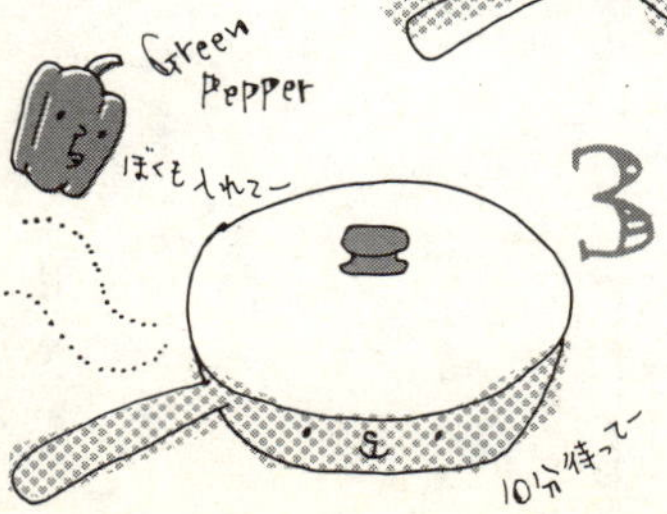

3 蒸らす

最後に10秒だけ強火にかけ、
余分な水分をとばして
火を止める。
そのまま10分蒸らす。

パエリア

炒めて、煮て、炊いて、そのまま食卓へ。たった15分ほどでできあがり

米に魚介類や肉、野菜などの具をたくさん入れて炊き上げるパエリアは、見た目も華やかで、ちょっとしたパーティーにもってこい。

スペインの米どころで知られるバレンシア地方の料理で、専用のパエリア鍋に具材と米を入れて炒め、水と調味料を加えて炊き上げて作ります。食事はもちろん、ワインやビールのおつまみにもなり、日本でも人気のメニューです。

一見、自分で作るのはとても難しそうですが、専用のパエリア鍋がなくてもフライパンで手軽においしく作れるので、ぜひ挑戦してみてください。具材を炒める、煮る、炊くが、フライパンだけで全部できてしまうので、やってみると案外簡単です。しかも、下ごしらえさえできていれば、具材を煮立ててから炊くまでの加熱時間はわずか15分ほど。鶏肉や魚介の炊き込みごはんを炊飯器で作るより、ずっと短い時間で炊き

上がります。

パエリア鍋がフライパンに代わっただけで、作り方は基本的に同じです。具材のうまみをたっぷり含んだ本格的パエリアの炊きたてのおいしさをご賞味あれ。

フライパン recipe

パエリア

準備　24㎝のフライパン＋フタ

材料

米／1合　オリーブ油／大さじ1
にんにくのみじん切り／1/2かけ分
鶏もも肉（2㎝角に切る）／1/2枚
玉ねぎのみじん切り／1/3コ分
塩、こしょう／各適量
トマト（1㎝角に切る）／大1コ
白ワイン／大さじ2　ローリエ／1/2枚
タイム、オレガノ、バジル／各少々
サフラン／少々　水／1カップ
えび（背わたを取る）／6尾
いかの胴（1㎝幅に切る）／1杯
ムール貝／6コ　ライム／少々

作り方

①水にサフランを入れておく。
②フライパンを弱火にかけ、十分に温まったらオリーブ油とにんにくを入れる。香りが立ったら中火にして、鶏肉と玉ねぎを加えて炒め、塩こしょうする。トマト、白ワイン、ローリエ、タイム、オレガノ、バジルを加え、トマトが崩れて汁気がなくなるまでしっかりと炒める。
③①を加え、煮立ったら塩小さじ1/2、米を加えて全体を軽く混ぜ、表面を平らにしてフタをする。再び煮立ったら7分煮て、えび、いか、ムール貝をのせ、水気がなくなり、魚介に火が通るまで7分ほど火にかける。
④火を止め、フタを取ってライムを添える。

梅おこわ

赤飯作りを応用して、うっすらピンク色のおこわを

もっちりした食感のもち米に、さっぱりとした梅の味と香りで、思わず食が進んでしまう梅おこわ。普段の食事はもちろん、おもてなし料理の際のごはんにもなるので、作り方を覚えておくと便利です。

おこわは本来、蒸して作るものなので、炊飯器で作るとべたついてしまい、もっちりした食感に仕上がりません。それよりは、フライパンの中を蒸し器に近い状態にして炊き上げたほうが、本来のおこわならではのふっくらした状態になります。

作り方は基本的に第1章でご紹介した赤飯と同じです。フライパンに梅干しと水を入れて煮立て、そこに研いで水に浸しておいたもち米を水をきってから加え、煮立てながらもち米に水を吸わせます。水気がなくなってきたら、フタをしてそのまま加熱して炊き上げます。

炊いている間、ときどきフタを開けて大さじ1杯程度の湯を全体にふりかけることで、フライパンの中に常に蒸気がこもって蒸し器の中に近い状態になります。そのまま10分たったら、もち米の上下を入れ替えるように混ぜ、さらに加熱して蒸し上げれば完成です。

フライパン recipe

梅おこわ

準備　**24㎝のフライパン＋フタ**

材料

もち米／１合
梅干し／大２コ
水／3/5 カップ（120㎖）

作り方

①もち米は研いで、たっぷりの水に 60 分浸し、水気をきる。
②フライパンに梅干しと水を入れ、中火にかける。煮立ったら①のもち米を加え、混ぜながら米に水分を吸収させる。
③水分がなくなったら弱火にし、もち米を手早く平らに広げ、フタをして 10 分火にかける。フライパンの中に常に蒸気がこもっている状態を保つよう、ときどき大さじ１くらいの湯をふり入れる。
④ 10 分たったら手早く上下を返すように混ぜ、③と同様に 10 ～ 15 分火にかけて、ふっくら蒸し上げる。

中華粥

中火で米を躍らせながら煮詰めていくので、フライパンが最適

静かに炊いてさらっと仕上げる日本のおかゆに対して、米を躍らせながら炊いてとろっと仕上げる中華粥。ごま油をまぶしたもち米を中火で炊き上げることで、独特のとろみが楽しめます。

強めの火加減で鍋の中をしっかり対流させる中華粥作りには、口径が広いフライパンが威力を発揮します。

作り方は、基本的に、もち米を煮立った湯に入れしっかり煮立てるだけです。コツは、米が常に踊っているくらいの火加減を保つこと。こうすることで米のひと粒ひと粒が割れて、とろとろの状態になります。

水の量が最初の半分くらいになるまで煮るのが目安ですが、フライパンは普通の鍋より煮詰まりやすいので、もし途中で水が足りなくなってきたら、適宜湯を足して炊

いていきます。
ごま油の風味も利いているので塩味を足すだけでもおいしいですが、刻んだザーサイやピータンなどもよく合います。

フライパン recipe

中華粥

準備　**24㎝のフライパン**

材料

もち米／1/2 カップ
水／5 カップ
ごま油／小さじ 2

作り方

①もち米を研いでザルにあげ、20 分おいて水気きる。
②フライパンに水を入れて強火にかける。
③もち米にごま油をまぶし、沸騰した②に入れる。フタをせずに、かき混ぜながら 5 分ほど煮立て、中火にして 40 ～ 50 分煮る。
④湯の量が半量くらいになるまで煮込み、煮詰まり過ぎたら湯を足す。米が常に踊っている状態を保ち、米が割れてとろとろとした感じに仕上げる。

石焼き風ビビンバ

フライパンが石鍋代わりに。おこげを作る、ちょっとしたひと手間

ごはんに牛肉、ナムルなどの具を入れて混ぜ合わせて食べるビビンバは、韓国料理の中でもチヂミと並んでポピュラーなメニュー。おこげが楽しめる石焼きビビンバは、特に人気があります。

石焼き鍋など普通の家庭にはないので、あの香ばしいビビンバはお店でしか味わえないと思われがちですが、フライパンを石焼き鍋代わりに使えば、おこげのあるビビンバが家庭でも簡単に作れます。もともとフライパンは、食材に焼き色をつけたり、焦がすのが得意な調理道具なので、利用しない手はありません！

作り方は、十分に熱してごま油をなじませたフライパンにごはんを広げ、用意しておいた具材をのせてフタをし、中火にかけるだけです。

コツは、ときどきフライパンを軽くゆすりながら4～5分加熱し、パチパチ音がし

はじめたら、鍋肌からごま油を回し入れてごはんを焦がすこと。これで、石焼き鍋で作ったようなおこげのこんがり感が出せます。
あとは、火から下ろしてごまをふってよく混ぜて、コチュジャンを添えれば完成です。

フライパン recipe

石焼き風ビビンバ

準備　**20㎝のフライパン＋フタ**

材料

ごはん／250ｇ
牛もも薄切り肉／100ｇ
ナムル（市販）／３～４種（300ｇくらい）
白菜キムチ／適量
煎りごま（白）／適量
ごま油／適量
コチュジャン／適量

A
砂糖／小さじ１
しょうゆ／大さじ１
おろしにんにく／少々
こしょう／少々
ごま油／小さじ１

作り方

①牛肉は細切りにして、Ａをもみ込む。フライパンに入れて中火にかけ、煎りつけて火を通す。
②フライパンを洗って弱火にかけ、十分温まったらごま油を入れてなじませる。
③フライパンを火から下ろしてごはんを入れ、①の牛肉、ナムル、白菜キムチをのせる。
④フタをして中火にかける。ときどきフライパンをゆすって４～５分加熱し、パチパチと音がしはじめたら、ごま油大さじ１を鍋肌から回し入れ、ごはんを焦がす。
⑤ごはんがこんがりしたら火から下ろし、煎りごまをふり、よく混ぜる。コチュジャンを添える。

焼きおにぎり

こんがりと焼いてから、しょうゆをぬって焼く

焦げたごはんの香ばしさと、しょうゆの香りがたまらない焼きおにぎりは、小腹がすいたときや、子どものおやつなどに最適です。

もともと焼きおにぎりといえば、焼き網を使い、途中何度かしょうゆをぬって焼くもの。でも、焼き網がなくても、フライパンでちゃんと焼けます。

魚焼きグリルやオーブントースターでも焼けないことはありませんが、しょうゆをぬるときの出し入れが面倒。しかも、しょうゆが垂れることがあるので、トースターは特に注意が必要です。

その点、フライパンなら安心して焼けるし、しょうゆをぬる作業もラク。おいしそうな焦げ目もちゃんとつきます。

part
3

パンやスイーツも作れる驚きのフライパン使い

オーブンでないと無理だとあきらめていたパンやピザ、ケーキやパイなどのスイーツだって、フライパンがあれば簡単に焼けます。

ベイクドチーズケーキ

オーブンシートの2枚使いで、オーブンに負けない仕上がりに

濃厚なチーズの味と香り、しっとりとした舌触りが魅力のベイクドチーズケーキ。家庭で焼けるケーキの中でも難易度は上級のイメージがあり、オーブンでなければ焼けないと思われているかもしれません。

ところが！　本格的なベイクドチーズケーキも、セルクルとオーブンシートを活用すれば、フライパンで焼けるのです！

最初に、20センチ四方ほどの大きさに切ったオーブンシートを2枚用意して、1枚をフライパンに敷きます。その上に粉をはたいたセルクルをのせ、用意したタネを流し込んで、フタをして弱火で焼いていきます。

焼いている間は、均一に火があたるように、ときどきフライパンの位置を動かすようにします。

20分ほど焼いたらひっくり返します。このとき、もう1枚のオーブンシートをセルクルの上にかぶせ、フタを利用してオーブンシートごと裏返します。

これで、オーブンを使わなくても生地の上下からしっかり火が入り、こんがり焼き色のついたおいしそうなチーズケーキが焼き上がります。

フライパン recipe

ベイクドチーズケーキ

準備　**フライパン＋平らなフタ＋オーブンシート＋セルクル**

材料〈18㎝のセルクル使用〉

A
- クリームチーズ／150ｇ
- サワークリーム／30ｇ
- 砂糖／50ｇ
- 卵／１コ
- レモン汁／大さじ 1/2

コンスターチ／20ｇ
バター／少々
薄力粉／少々

作り方

①セルクルの内側にバターをぬり、薄力粉をはたきつける。

②Ａを合わせてフードプロセッサーにかける。なめらかに混ざったら、コーンスターチを加えて混ぜる。

③フライパンにオーブンシートを敷いて、①のセルクルをのせて②の生地を流し入れる。

④フタをして弱火にかける。ときどきフライパンを動かして均一に火が通るようにする。20分ほど焼き、表面が乾いたらオーブンシートをかぶせてシートごと裏返す。裏返すときはフタをして、フライパンごと裏返し、フタにのった生地をオーブンシートごと滑らすようにフライパンに戻す。薄く色づくまで焼く。

バームクーヘン

きれいに焼くコツは、濡れぶきんでフライパンの底を冷やしながら

バームクーヘンは、ご存じの通り、木の年輪のような層があって筒型に焼き上げられたお菓子。一見、とても家庭で焼けるとは思えませんが、クレープのような薄い生地を焼き重ねた形であれば、なんとフライパンを使って自分でも焼けてしまうのです。いったいフライパンでどうやって焼くのか、その手順をざっと見てみましょう。

弱火で熱して油をなじませたフライパンを濡れぶきんにとり、底を冷やします。用意しておいたバームクーヘンの生地を大さじ1杯くらい入れ、直径10センチほどの円に薄くのばし、フライパンを弱火に戻してフタをして焼きます。

底についている面にきれいな焼き色がついたら一度取り出し、もう一度フライパンを濡れぶきんにとって底を冷やして、同じように生地を流し入れます。そこに取り出しておいた生地を、焼き色のついた面を下にして重ね、フタをして焼きます。これを

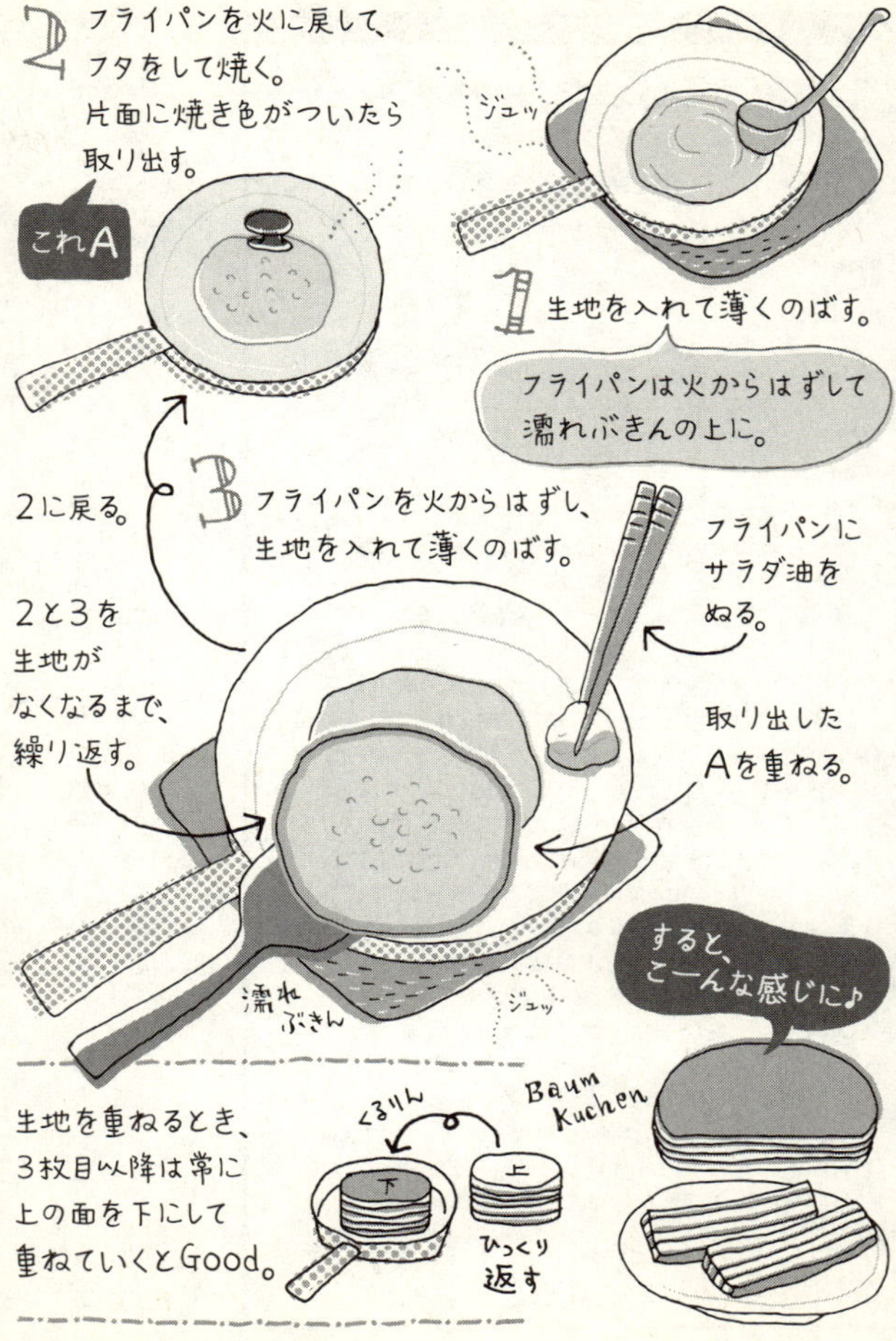
1 生地を入れて薄くのばす。
フライパンは火からはずして濡れぶきんの上に。
ジュッ
2 フライパンを火に戻して、フタをして焼く。片面に焼き色がついたら取り出す。
これA
2に戻る。
3 フライパンを火からはずし、生地を入れて薄くのばす。
フライパンにサラダ油をぬる。
2と3を生地がなくなるまで、繰り返す。
取り出したAを重ねる。
濡れぶきん
ジュッ
すると、こーんな感じに♪
Baum Kuchen
生地を重ねるとき、3枚目以降は常に上の面を下にして重ねていくとGood。
くるりん
下
上
ひっくり返す

15～20回ほど繰り返して、層を重ねていくのです。取り出した生地を重ねるときは、常に裏返して、上の面を下に向けて重ねていったほうがきれいに形が整います。これで、ぎゅっと層が詰まった、おいしいバームクーヘンの完成です。

フライパン recipe

バームクーヘン

準備　**フライパン＋フタ＋濡れぶきん**

材料

卵／２コ	砂糖／60ｇ
バニラエッセンス／少々	バター／60ｇ
薄力粉（ふるっておく）／60ｇ	サラダ油／適量

作り方

①卵は卵黄と卵白に分ける。
②卵黄に砂糖40ｇを加え、白っぽくなるまで泡立てる。
③卵白に残りの砂糖20ｇを加え、角が立つまでしっかりと泡立て、バニラエッセンスを加える。
④バターを湯せんして溶かし、②に加えてよく混ぜる。
⑤④に③の卵白を半分加えて軽く混ぜ、薄力粉をふるい入れて混ぜ合わせ、残りの卵白も加えて軽く混ぜる。
⑥フライパンを弱火にかけ、十分に温まったらサラダ油を入れてなじませる。
⑦フライパンを濡れぶきんにとって底を冷やし、⑤の生地を大さじ１くらい入れて直径10㎝ほどに薄くのばす。フライパンを火に戻し、フタをして焼く。片面にきれいな焼き色がついたら取り出す。
⑧フライパンを濡れぶきんにとって底を冷やし、中をキッチンペーパーできれいに拭いてサラダ油をぬり、同様に生地を流し入れて火にかけ、⑦で取り出した生地を焼き色のついたほうを下にして重ね、フタをして焼く。生地がなくなるまで、同様に重ねて焼いていく。取り出した生地を重ねるとき、３枚目以降は常に上の面を下にして重ねていくと形が整う。
⑨全部焼いたら、冷まして5㎜厚さに切る。

スポンジケーキ

なんと、スポンジケーキも！焼き網づかいがポイント

なんと、ケーキの基本にして、上手に焼くのが難しいといわれているスポンジケーキも、焼き網を活用すれば上手にフライパンで焼くことができます。焼き網をフライパンと直火の間に入れることによって、弱い火力で平均的に熱がいきわたるのです。

この場合、ケーキ型は不要。フライパンに直接タネを流し込んで焼きます。

そのため、フライパンを弱火で十分に熱してサラダ油をなじませたら、生地がくっつかないように粉をふっておきます。生地の上下を返すときにいったん生地をフタにのせるので、フタにもサラダ油をぬって粉をふっておきます。

焼き上げるときは、まず、コンロの上に焼き網を置きます。その上に、生地を流し込んでフタをしたフライパンを置き、弱火にかけます。焼いている間、ときどきフライパンの位置を動かして、均一に火があたるように注意します。

7~8分焼いて、生地の表面が乾いたら、フタを利用して生地をひっくり返し、今度はフタを取ってさらに5分ほど焼きます。全体にうっすらと焼き色がついたら、網にとって冷まします。同じように2~3枚焼いて、クリームやフルーツを使って飾れば、立派なデコレーションケーキにもなります。

フライパン recipe

スポンジケーキ

準備　**20㎝のフライパン+平らなフタ+焼き網**

材料

【生地】
卵／1コ　砂糖／30g
バニラエッセンス／少々
薄力粉（ふるっておく）／30g
サラダ油／適量

作り方

①卵は卵黄と卵白に分ける。
②卵白は角が立つまで泡立てる。砂糖を3回に分けて加えながらさらに泡立て、ツヤのある固めのメレンゲを作る。
③②に卵黄とバニラエッセンスを加えて軽く混ぜ、薄力粉をふり入れて切るように混ぜ合わせる。サラダ油小さじ1を加え、さっと混ぜる。
④フライパンを弱火にかけ、十分温まったらサラダ油少々を入れてなじませ、薄力粉少々(分量外)をふる。フタにもサラダ油をぬり、薄力粉をふる。
⑤コンロに焼き網をのせて、その上にフライパンをのせ、③を流し入れる。フタをして中火で焼く。ときどきフライパンを動かして均一に火が通るようにする。
⑥7～8分焼いて生地の表面が固まってきたら裏返す。裏返すときは、フタをしたままフライパンごと裏返し、フタにのったスポンジケーキを滑らすようにフライパンに戻す。
⑦フタを取って5分ほど焼き、全体に薄い焼き色がついたら、網にとって冷ます。

生地を入れたら、ときどき
フライパンを動かして
均一に火が通るようにする。
＊フライパンが温まったら＊
1サラダ油
2薄力粉
焼く前の準備
フタをして中火で焼く
コンロに
焼き網をのせて、
その上に
フライパンをのせる。
フライパン全体に
平均的に熱が
いきわたる。
じっくり、ムラなく火が入るので、
しっとり仕上がる。
2～3枚焼いて重ねて、
生クリームやフルーツで飾れば、
デコレーションケーキの
できあがり！
Decorated Cake

シナモンロール

甘い香りのシナモンロールもフライパンで。この方法でパンだって焼ける！

実は、パンでさえも、種類によってはフライパンで焼けてしまうのです！フライパンが苦手なのは、オーブンやグリルのように上から食材を焼きつけること。でも、食材がひっくり返せる形状であれば、上下ともに焼き色がつくので問題ありません。だからパンの場合も、ひっくり返して焼ける形状のものなら、フライパンでちゃんと焼けるのです。

手はじめにおすすめなのが、シナモンロール。生地さえ用意できれば、焼くのは案外簡単です。

この場合、生地をふくらませるところからフライパンを活用します。ロール状のパン生地が用意できたら、それを2センチ幅に切ってフライパンに並べ、フタをします。約30度に保ち、30分ほどおいておくと生地がひとまわり大きくなるので、そのまま弱火にかけて焼いていきます。底がこんがり焼けたら上下を返し、さらにこんがり焼けば完成です。

シナモンロールの場合、生地の中にシナモンシュガーが入っていますが、これを入れなければ、同じ形状で、甘くない食事用のパンも焼けます。

フライパン recipe

シナモンロール

準備　**22㎝のフライパン＋フタ**

材料

A
強力粉／250ｇ
ドライイースト／小さじ１ 1/2
砂糖／大さじ２　　塩／小さじ 3/4
バター（1㎝角に切る）／50ｇ

B　卵１コ＋卵黄２コ＋牛乳で 180㎖

シナモンシュガー／適量　　サラダ油／少々

作り方

①生地を作る。大きなボウルにＡを合わせ、Ｂを加えてこねる。粉がまとまり、ボウルから離れるようになったらこね台に取り出し、なめらかになるまでしっかりとこねる。
②きれいに丸めて、サラダ油をぬったボウルに入れ、ラップをして 30 度前後の環境に 50 分おく。
③②の生地が倍くらいにふくらんだら、手で押してガス抜きする。
④③の生地を 20㎝×20㎝にめん棒でのばす。
⑤④の表面にシナモンシュガーをふってくるくると巻き、巻き終りをつまんでくっつけてとめ、軽く転がしてなじませる。
⑥端から 2㎝幅に切り、フライパンに切り口を上に並べ入れ、フタをして 30 度前後の環境に 30 分おく。
⑦生地がひとまわり大きくなったら、そのまま弱火にかける。10 〜 12 分焼き、ムクムクとふくらんで表面が乾き、底がこんがりと色づいてきたら裏返して、こんがりとするまでさらに 10 〜 12 分焼いて火を通す。

カスタードプリン

カラメル作りも、蒸して仕上げるのもフライパンで

甘くて柔らかいカスタードプリンは、子どもから大人まで大好きな定番のデザート。一般的には、オーブンの天板に湯を張って蒸し焼きにして作りますが、フライパンでも問題なくおいしく作れます。

まず、直径18センチと24センチの、大小２つのフライパンを用意しましょう。小さいほうのフライパンは、カラメル作りと牛乳を温めるのに使い、大きいほうのフライパンはプリンを蒸し焼きにするのに使います。

火のあたりを柔らかくし、カップのがたつきを防ぐために、厚手のふきんをフライパンの底に敷き、高さ2センチの水を注いでから、フタをして中火で煮立てます。

湯気が立ってきたら、カラメルとプリン液を入れてアルミホイルでフタをしたプリンカップを並べ、フタをして蒸し焼きにします。フライパンの中はオーブンの天板に

湯を張って調理しているのとほぼ同じ状態になっているので、そのまま弱火で15分ほど加熱すれば、とろとろ食感のおいしいプリンが蒸し上がります。

冷やしたものはもちろん、温かいままでもおいしくいただけます。

フライパン recipe

カスタードプリン

準備　**18㎝と24㎝のフライパン＋フタ＋プリンカップ＋アルミホイル＋ふきん**

材料〈100㎖のプリンカップ５コ分〉

牛乳／１ 1/4 カップ
砂糖／大さじ４(40g)
卵／４コ
バニラエッセンス／少々
バター　少々

【カラメルソース】
砂糖／大さじ２(20g)
水／大さじ１
熱湯／大さじ２

作り方

①プリンカップにバターを薄くぬる。
②カラメルソースを作る。18㎝のフライパンに砂糖と水を入れて中火にかけ、ゆすりながら煮溶かす。ゆすりながら火にかけ続け、茶色く色づいてきたら熱湯を加えて混ぜる。①のプリンカップに入れる。
③②のフライパンを洗い、牛乳、砂糖を入れて火にかけ、人肌程度に温めて砂糖を溶かす。
④ボウルに卵を溶きほぐし、③を混ぜ合わせ、バニラエッセンスを加える。
⑤④を目の細かいザルなどでこし、プリンカップに流し入れ､1コずつアルミホイルでフタをする。
⑥ 24㎝のフライパンにふきんを敷いて2㎝高さに水を入れ、中火にかける。沸騰したら⑤を並べ入れ、フタをして弱火で15分ほど蒸す。粗熱がとれたら冷蔵庫で冷やす。

ヨーグルトマフィン

生地を入れたアルミカップを直接フライパンに入れて、蒸すこと20分

さわやかな酸味と、ほんのりとした甘みで、おやつはもちろん、軽い食事にもなる、ヨーグルトマフィン。紙のカップに入れてオーブンで焼き上げるのが一般的ですが、カップケーキ用の固いアルミカップがあれば、フライパンで蒸し焼きにして作ることもできます。

要領は、基本的にフライパンで蒸し物を作るのとだいたい同じです。生地を流し込んで準備ができたカップをフライパンに並べたら、高さ1センチほどお湯を入れてフタをし、中火で蒸していきます。

このとき、火が強過ぎると湯がカップの中に入ってしまうので、湯が静かに煮立つくらいの火加減にするのがポイントです。途中で湯がなくなるようなら、熱湯を足します。

およそ20～25分ほどで蒸し上がり。蒸しパンにも似た優しい食感のマフィンのできあがりです。

フライパン recipe

ヨーグルトマフィン

準備　**フライパン＋フタ＋アルミカップ**

材料

A
- 薄力粉／225ｇ
- ベーキングパウダー／大さじ１
- 砂糖／大さじ４(40ｇ)
- 塩／小さじ1/2

B
- 卵／１コ
- 牛乳／3/5カップ(120㎖)
- プレーンヨーグルト／3/5カップ(120㎖)
- サラダ油／1/4カップ

ブルーベリージャム／適量

作り方

①Aをボウルにふるって合わせる。
②別のボウルにBを混ぜ合わせ、①を加えてよく混ぜる。
③カップケーキ用アルミカップに②を８分目ほど流し入れ、ティースプーン１杯ずつブルーベリージャムをのせる。
④フライパンに③を並べ入れ１㎝高さまで湯を注ぎ、フタをして中火にかける。湯が静かに煮立つ程度の火加減で20～25分蒸す。途中で湯がなくなるようなら、熱湯を足す。
⑤表面が乾き、中央に竹串を刺して串に生地がついてこなければできあがり。

焼きりんご

キャラメルがカリカリと楽しい焼きりんごがフライパンひとつで

りんごのうまみが丸ごと楽しめる焼きりんごは、紅玉など酸味のある品種が手に入ったら、ぜひとも作りたいデザートです。

もともとは、りんごの芯をくりぬき、そこにグラニュー糖とバターなどを詰め、丸ごとオーブンで焼き上げて作りますが、りんごを横半分に切ることで、フライパンでもおいしく焼き上げることができます。

まず、フライパンにグラニュー糖と水少々を入れて中火にかけ、先にキャラメルを作ってしまいます。そこに半分に切ったりんごを加え、全体にキャラメルをからめてから10~12分かけて柔らかく煮ていきます。その際、落とし蓋をすることで、効率よくりんごに熱が入ります。途中、何度か上下を返して、しっかり全体を加熱します。

オーブンで焼いたようにキャラメルをこんがりさせるためには、ここからがポイントです。一度りんごを取り出し、煮汁がとろりとするまで煮詰めます。そこにりんごの平らなほうを下にして戻し、火を強めて水分をとばしていくのです。これで、りんごにこんがりと焦げ目がつけば完成です。

オーブンで焼いたような、香ばしくてジューシーな焼きりんごに仕上がります。

フライパン recipe

焼きりんご

準備　24㎝のフライパン＋落とし蓋

材料

りんご（紅玉、なければ酸味のあるかたいもの）／2コ
グラニュー糖／大さじ3 1/3（50ｇ）
バター／20ｇ
シナモン／小さじ1

作り方

①りんごは横半分に切り、芯を全部くりぬく。
②フライパンにグラニュー糖と水少々（分量外）を入れ中火にかけて煮溶かし、好みの加減に焦がしてキャラメルを作り、バター、シナモンを加える。
③りんごを加えて全体にからめ、落とし蓋をしてりんごが柔らかくなるまで10～12分、ときどき上下を返しながら蒸し煮にする。
④りんごを取り出し、残った煮汁をとろりとするまで煮詰める。
⑤りんごの平らなほうを下にしてフライパンに戻し、強火で水分をとばしてりんごをこんがりと焦がし気味に焼き上げる。

パルミエ

冷凍パイシートとフライパンで、ハート型のサクサク焼き菓子が

パイ生地をハート型に焼き上げた、パルミエ。実は、フランス語で「やしの木」を意味し、もともとやしの木の葉っぱをイメージして作られた菓子だそうです。サクサクとした食感のパイ菓子こそ、オーブンでないと焼けないと思われがちですが、実はフライパンでもおいしく焼けます。

特に、市販の冷凍パイシートを利用すれば、ほかの材料はグラニュー糖と卵黄少々だけ。生地にバターを練り込む手間もなく、誰でもいつでも気軽に焼けるので、ぜひ一度試してみてください。

フライパンでパイ生地を焼くときは、フタをして弱火にします。パイがふくらんで、底がカリッとしてくるまで8分ほど焼きます。

一度返したら、薄く色づくまでさらに2～3分焼けば完成。オーブンに負けないサ

クサクな焼き上がりになります。

ティータイムのおやつとしてはもちろん、ちょっとした箱につめてリボンをかければ、ホームパーティーの手みやげにもぴったり。お菓子作りの初心者にもおすすめの一品です。

フライパン recipe

パルミエ

準備　**フライパン＋フタ**

材料

冷凍パイシート／適量
卵黄／少々
グラニュー糖／少々

作り方

①冷凍パイシートは冷蔵庫に 30 ～ 60 分おいて解凍する。
②卵黄を水で溶いてパイシートの表面にぬり、グラニュー糖をまんべんなくちらす。
③左右両端から中央に向って 2 回折り、卵黄をぬって左右を合わせる。
④冷蔵庫で 30 分休ませ、5㎜幅に切る。
⑤フライパンに並べ入れ、フタをして弱火にかける。ふくらんで底がカリッとするまで 8 分ほど焼く。裏返して、さらに薄く色づくまで 2 ～ 3 分焼く。

リーフパイ

木の葉型のおなじみの焼き菓子も、冷凍パイシートとフライパンで

パイ生地の片面にざらめやグラニュー糖をつけて、木の葉の形に焼き上げたリーフパイ。ポピュラーな焼き菓子として知られるこのお菓子、実は日本発祥の焼き菓子だそうです。

リーフパイも、市販の冷凍パイシートを利用すれば、グラニュー糖と卵黄少々さえあれば、フライパンでサクサクに焼き上げることができます。

リーフパイの場合は、パイシートを冷蔵庫で解凍したら、まず、直径4センチの菊型で抜き、水で溶いた卵黄を表面にぬります。

オーブンシートの上にグラニュー糖を広げ、そこに型を抜いたパイ生地を卵黄がついたほうを下にしてのせ、上からめん棒で伸ばして木の葉の形にします。こうすることで、裏面全体にグラニュー糖がつきます。

焼くときは、フライパンに砂糖がついた面を上に向けて並べます。火をつける前に、ナイフで葉脈のような筋をつければ、リーフパイの形になります。

あとは、フタをして弱火にかけ、10分ほど焼きます。底がカリッと色づくまで焼いたら裏返し、砂糖がついた面もカリッと焼き上げてできあがりです！

フライパン recipe

リーフパイ

準備　フライパン＋フタ

材料

冷凍パイシート／適量
卵黄／少々
グラニュー糖／少々

作り方

①冷凍パイシートは冷蔵庫に 30 ～ 60 分おいて解凍する。
②①を 4㎝の菊型に抜く。卵黄を水で溶きのばして表面にぬる。
③オーブンシートにグラニュー糖を広げ、その上に②を卵黄をぬったほうを下にしてのせる。
④めん棒で前後にぐっと押しのばし、木の葉形にする。
⑤フライパンに④を砂糖のついた面を上にして入れ、葉脈のようにナイフで筋をつける。
⑥フタをして弱火にかけ、底がカリッと色づくまで 10 分ほど焼く。裏返して、砂糖のついた面を２～３分焼く。

ポップコーン

フタをしてはじけはじめたら、フライパンをゆすって全体に火をあてる

ポップコーンはもともと、ポップ種と呼ばれるとうもろこしの豆を油を入れたフライパンで炒って作るお菓子。ですから当然、家庭でもフライパンを使っておいしく作れます。焼いているときにコーンがポンポンはじけるのも楽しいし、できたてアツアツはとてもおいしいので、ぜひ自分で作ってみてください。

まずは、スーパーなどで、加熱用のポップコーン豆を買ってきましょう。ほかには、フライパンとフタ、そしてサラダ油と塩が適量あれば、作り方は簡単です。

フライパンの底一面にポップコーン豆がひと並びになるように入れ、サラダ油を全体にいきわたるようにふりかけてまぶしたら全体に塩をふり、フタをして弱火で加熱するだけ！

しばらくするとポップコーンがはじけ出すので、そこからはフライパンをゆすって

全体に火があたるように注意しましょう。
コーンがはじける音がしなくなったら、できあがりのサインです。加熱用のコーンの多くは、ひと袋でかなりの量のポップコーンが安く作れます。出来合いのものとはひと味違うので、ホームパーティーなどにもおすすめです。

フライパン recipe

ポップコーン

準備　**フライパン＋フタ**

材料

ポップコーン豆／適量
サラダ油／少々
塩／少々

作り方

①フライパンにポップコーン豆を重ならないように入れる。
②サラダ油を全体にいきわたるようにふりかけてまぶし（24㎝のフライパンで、サラダ油大さじ1ほど）、塩をふる。
③フタをして弱火にかける。
④ポップコーンがはじけはじめたら、フライパンをゆすって全体に火があたるようにする。
⑤8～10分ほど火にかけ、はじける音がしなくなったらできあがり。

キャラメルポップコーン

キャラメルがとろりとできたら、ポップコーンを加えてからめるだけ

甘い香りと香ばしさのバランスがたまらない、キャラメルポップコーン。お店などではなかなかのお値段で売られていることもありますが、自宅で作ればとてもリーズナブルだし、できたてのおいしさが味わえます。

最初に、加熱用のポップコーンを買ってきてフライパンでポップコーンを作ります。その際、塩を加えて作れば甘じょっぱい味になるし、塩を入れないで作ればシンプルな甘い味になるので、お好みでどうぞ。

もちろん、キャラメルもフライパンで作ります。バター、牛乳、三温糖、はちみつを入れて中火にかけ、砂糖がとろりとなるまで煮詰めるだけです。あとは、そこに作っておいたポップコーンを加え、全体にからめたら、バットに広げて冷まして完成です。パーティーはもちろん、ちょっとしたおみやげにもなります。

できるだけ簡単に作りたいなら、できあがっている市販のポップコーンを買ってきて、それを自宅で作ったキャラメルにからめてもよいでしょう。ただし、シンプルな塩味のポップコーンでないとおいしいキャラメル味にならないので、味の確認をお忘れなく。

フライパン recipe

キャラメルポップコーン

準備　**24㎝のフライパン**

材料

ポップコーン（136ページ参照）／3～4カップ

A
- バター／30ｇ
- 牛乳／1/4カップ
- 三温糖／50ｇ
- はちみつ／30ｇ

作り方

①フライパンにAを合わせて中火にかけ、フライパンをゆすって砂糖を溶かす。煮立ったら、とろりとするまで煮詰める。

②①にポップコーンを加えてからめ、バットに広げて冷ます。

チュロス

細長いチュロス作りには、フライパンが最適

テーマパークなどで、よく見かけるチュロス。小麦粉に水とバターなどを混ぜて鍋で加熱し、星型の口金がついた絞り袋で絞って、油で揚げて作る素朴なお菓子です。本場のスペインでは、小腹がすいたときのスナックとしても愛されています。

チュロスを家庭で作るなら、小さめの揚げ鍋より、フライパンで揚げるほうがおすすめです。フライパンなら油が少なめですむし、口径が広いので、細長いチュロスでもラクに返せるからです。

フライパンに高さ2センチほど油を入れて中火にかけ、そこに用意しておいた生地を絞って揚げていきます。揚げている間は、均一に加熱されるように、ときどきフライパンをゆすります。

油に浸かっている部分がカリッとして色づいてきたら裏返し、反対側もカリッとす

るまで揚げます。油をきり、表面が乾く前にシナモンシュガーをまぶして完成。市販品とはひと味違う、揚げたてサクサクのチュロスの味をお楽しみあれ。

なお、生地を絞るときは、必ず星型の口金を使いましょう。丸型だと、揚げている際に生地が破裂して、油が飛び散ることがあります。

フライパン recipe

チュロス

準備　**フライパン**

材料

薄力粉（ふるっておく）／120g

A
- 水／1カップ
- 塩／小さじ1/4
- バター／15g

サラダ油／適量
シナモンシュガー／少々

作り方

①鍋にAを合わせて強火にかける。鍋の中全体が泡になるまで煮立てて火を止め、薄力粉を一度に加えて熱いうちにしっかりと練り混ぜ、なめらかな生地にする。
②フライパンにサラダ油を2㎝高さまで注ぎ、中火にかける。
③①を絞り袋に入れ、②に絞り入れる。ときどきフライパンをゆすって、均一に火が通るようにする。サラダ油に浸っているところがカリッとして色づいてきたら裏返し、全体がカリッとするまで揚げる。
④油をきって、表面が乾く前にシナモンシュガーをまぶす。

ナン

小ぶりなサイズなら 家庭でも焼きたてが手軽に味わえる

インドカレーには、香ばしい焼き色がついたナンが欠かせません。

本来、タンドールという壺型の窯で焼き上げて作りますが、やや小ぶりなサイズなら、家庭のフライパンでもおいしく焼けます。焼きたての自家製ナンは専門店に負けないおいしさで、一度食べたらやみつきになります。

生地は、小麦粉と卵、牛乳などを混ぜ合わせてよく練ったあと、バターを練り込んで作ります。これを人数分に分けて丸め、それぞれビニール袋に入れて60分休ませてから焼きます。フライパンに油をひく必要はありません。

生地は、焼く直前に、ひとつひとつ手で引っ張って木の葉の形に伸ばします。フライパンを十分に熱したら生地を入れ、中火で焼いていきます。フタはいりません。ときどきフライパンをゆすって、全体が白っぽくなるまで焼きます。

7～8分ほど焼いたら裏返して、反対側もこんがりと焼き色がつくまで焼き上げたらできあがり。熱いうちに、カレーと一緒にどうぞ。

フライパン recipe

ナン

準備　**フライパン**

材料

A
- 薄力粉／150g
- 強力粉／150g
- 砂糖／大さじ1
- 塩／小さじ1/2
- ベーキングパウダー／大さじ1

卵／1コ
牛乳／1/2カップ
バター／25g

作り方

①Aを大きなボウルにふるって混ぜ合わせ、卵と牛乳を加えてなめらかになるまで手でこねる。
②バターは1cm角に切り、①の生地に練り込む。
③②の生地を4等分し、それぞれきれいに丸め、ビニール袋に入れて60分おく。
④③の生地を手でひっぱって木の葉形にのばす。
⑤フライパンを十分に熱し、④を入れる。中火弱くらいの火加減で、ときどきフライパンをゆすって、全体が白っぽくなるまで7～8分焼く。裏返して、こんがりと焼き色がつくまで焼く。

チャパティ

ナン同様に、インドの薄焼きパンも、フライパンで簡単！

チャパティは、全粒粉を使って発酵させずに焼いたパン。タンドールがなくても焼けるので、インドの家庭では、実はナンよりこちらのほうがポピュラーな主食です。チャパティは、全粒粉さえあればナンよりも簡単に作れるので、いままでパン焼きに挑戦したことがない方にもおすすめです。

生地には、バターではなく、サラダ油を入れて作ります。焼き上げるときはフライパンに油をひく必要はありません。

材料を合わせてこね、人数分に分けて60分休ませておいた生地は、焼く直前にひとつひとつめん棒でできるだけ薄い円に伸ばします。

あとは生地をフライパンに入れて、弱火で焼いていきます。このとき、均一に焼けるように、ときどきフライパンをゆすります。全体が乾いてきたら裏返し、両面パリッと焼き上げれば完成です。
全粒粉を使っているので独特の風味があり、ナンとはまたひと味違うおいしさが楽しめます。

フライパン recipe

チャパティ

準備　**フライパン**

材料

全粒粉／100g
水／1/4 カップ
サラダ油／小さじ 1

作り方

①ボウルにすべての材料を合わせ、なめらかになるまで手でこねる。
②①の生地を 4 等分してそれぞれ丸め、ビニール袋に入れて 60 分おく。
③②の生地をめん棒でできるだけ薄くのばす。
④フライパンに③を入れて弱火にかける。ときどきフライパンをゆすって、均一に火を通す。4～6 分焼き、全体が乾いてパリッとしてきたら裏返し、両面パリッと焼き上げる。

ピタパン

中近東で食べられている薄焼きパンもフライパンで

ピタパンは、強力粉にドライイースト、水、オリーブ油などを合わせ、発酵させてからオーブンで焼き上げるパンで、古くから中近東の主食として知られています。中が空洞に焼き上がるので、半分に切って、野菜やハム、チーズ、鶏肉、ツナなど、さまざまな具を入れて食べられます。おしゃれで食べやすく、カフェのランチなどでもおなじみのメニューです。

そんなピタパンも、実は家庭のフライパンで簡単に焼けるのです！

強力粉などの材料を合わせて発酵させておいた生地は、めん棒を使って1枚厚さ3ミリ、直径10～15センチほどに伸ばします。

フライパンを熱したあと、油をなじませてから生地を入れ、中火で焼いていきます。1～2分するとふくれてくるので、熱が均一に入るように、ときどきフライパンをゆすって、全体がふくらむまで焼き、裏返します。反対側もこんがりと焼き色がつくまで焼きます。
半分に切って具をはさんでもおいしいですが、そのままでもおいしく食べられます。

フライパン recipe

ピタパン

準備　**フライパン**

材料

A
- 強力粉／300ｇ
- ドライイースト／小さじ１ 1/4
- 砂糖／小さじ 1/4　　　塩／小さじ１ 1/2
- オリーブ油／大さじ２

水／180㎖
サラダ油／少々

作り方

①生地を作る。大きなボウルにＡを合わせ、水を加えてこねる。粉がまとまり、ボウルから離れるようになったらこね台に取り出し、なめらかになるまでしっかりとこねる。
②きれいに丸めて、サラダ油をぬったボウルに入れ、ラップをして30度前後の環境に50分おく。
③②の生地が倍くらいにふくらんだら、手で押してガス抜きする。
④③の生地を６等分し、それぞれを丸め、固く絞った濡れぶきんをかけて30分おく。
⑤④の生地を、直径10～15㎝、厚さ3㎜にめん棒でのばす。
⑥フライパンを熱してサラダ油をなじませ、⑤を入れて中火で焼く。１～２分でふくれてくるので、フライパンをゆすって均一に火を通し、全体がふくらむまで焼く。裏返して、両面こんがりと焼き色をつける。

ピザ

最大の特徴は、先に生地を両面焼いてから具をのせること!

ピザはオーブンで作るもの……? いいえ、フライパンでも作れてしまうのです。

生地は１４２ページのナンと同じ。この生地を、めん棒などで丸く薄くのばします。

フライパンピザの最大の特徴は、その焼き方です。通常のピザは、生地に具をのせて、オーブンで焼いたらできあがり——ですが、フライパンピザの場合は、まず生地だけを先に焼いてしまうのです!

生地の焼き方も、ナンと同様。十分に熱したフライパンで、全体が白っぽくなるまで7～8分焼きます。そして裏返して、焼き色がつくまで焼きます。

さて、ここからピザへと変身です。両面焼けた生地の上に、トマトソースをぬって、ハムやマッシュルームなどの具をのせ、ピザチーズをかけます。あとはフタをして火にかけ、チーズが溶けたらできあがりです。

part

4

料理の腕がどんどん上がる フライパン使い

炒飯、焼きそば、スクランブルエッグ、魚の照り焼きなど、いつものフライパン料理がぐんとおいしくなる裏ワザを一挙に公開します。

炒飯

フライパンでパラパラ炒飯を作るには、「強火で手早く」はNG

炒飯といえば「強火で手早く」とよく言われますが、それだと普通の人は手が追いつかず、ごはんを均一に加熱するのが難しくなります。かといって弱火で時間をかけて炒めるとごはんの水分がとんでしまい、パラパラならぬパサパサの炒飯になってしまいます。

理想的なのは、ごはんのまわりの水分はとばしつつ、ごはん粒の中の水分はとばさない加熱状態です。そのためには、やはり火加減の調整が最大のポイントです。

まず、焼豚と長ねぎを中火で炒めたら、卵を流し入れると同時に少し火を弱めます。ここですぐにごはんを入れ、ごはんひと粒ひと粒にしっかり卵をからめるように炒めます。

ごはん全体が黄色くなり、ごはんや卵のかたまりがなくなったら、今度は強火に。

パラパラ炒飯のポイント

ごはんのひと粒ひと粒に
卵をからめるように
炒める。
すぐ
溶き卵を入れたら火を弱め、
フライパンを動かして
卵を広げ、すぐに
ごはんを投入！
溶き卵
ずっと強火では
手が追いつかないので
火加減を調節する。
弱火
中火
強火
ごはん全体が
黄色くなったら強火に。
フライパン全体に
ごはんを広げて
ごはん粒の表面を焼く。
ときどきフライパンを
あおって水分をとばす。
ヘラで
押しつける
のはダメ！
弱火で時間をかけると、
ごはんの水分がとんで
パサパサになる。

そして、フライパンをゆすりながら、ごはん粒の表面を均等に焼きます。このとき、ヘラで押しつけるとごはんがつぶれてしまうので、決して押しつけないこと。さらに、ときどきフライパンをあおって表面の水分をとばして味つけすれば、パラパラ炒飯の完成です。

フライパン recipe

炒飯

準備　**24㎝のフライパン**

材料

ごはん（ほぐしておく）／200ｇ
焼豚（7～8㎜角に切る）／30ｇ
長ねぎ（7～8㎜角に切る）／1/2 本
溶き卵／1コ分
ごま油／大さじ1
塩、こしょう／各少々
しょうゆ／大さじ 1/2

作り方

①フライパンを弱火にかけ、十分温まったらごま油を入れてなじませる。
②焼豚を入れて中火にし、脂が溶けてカリッとするまでしっかり炒める。長ねぎを加えてさっと炒め、香りが立ったらすぐに溶き卵を流し入れて火を弱め、フライパンを動かして卵を広げ、すぐにごはんを入れる。ごはんのひと粒ひと粒に卵をからめるように炒める。
③ごはん全体が黄色くなり、ごはんと卵のかたまりがなくなったら強火にし、フライパン全体にごはんを広げてごはん粒の表面を焼く。フライパンをときどきあおって表面の水分をとばし、塩こしょうする。
④鍋肌からしょうゆを加え、ジュッと蒸発させて香りを立てて混ぜ合わせる。全体がパラパラになったら、皿にとる。

青菜炒め

熱湯少々と、炒め過ぎないのが、水っぽくならないコツ

青菜をシャキッと、それでいて中まで柔らかく火を通すのは案外難しいものです。強火でさっと炒めると中までしっかり火が通らないし、弱火でじっくり炒めていると水っぽくなったりしがちです。

実は、青菜をフライパンで炒めるときは、熱湯を少々加えるのがコツです。

フライパンを弱火で温め、油とにんにくを十分に熱したら、青菜を入れると同時に強火にします。そして、青菜全体に油をからめたら、鍋肌から熱湯を少々入れるのです。このとき、フライパンが十分に熱くなっていて、湯を入れた途端に〝ジュッ〟といえばOK。すぐにフタをして、フライパンをゆすりながら1〜2分加熱します。つまり、熱湯から発生した蒸気を使って、青菜を手早く、効率よく加熱するわけです。

青菜のかさがなくなる程度に火が通ったらフタを取りますが、このとき、フライパ

ンに水気がたまっていない状態がベストです。あとは、フライパンを大きく5～6回あおって青菜の間の水気をとばし、塩で味つけして完成です。

なお、青菜は炒め過ぎると水が出てきます。これを蒸発させようと思ってさらに炒めても余計に水気が出るだけなので、そのまま仕上げるようにしましょう。

フライパン recipe

青菜炒め

準備　**24㎝のフライパン＋フタ**

材料

青菜（青梗菜、小松菜、豆苗など）／200ｇ
にんにく（つぶす）／1/2 かけ
サラダ油／大さじ１
熱湯／大さじ２
塩／少々

作り方

①青菜は水気をよくきり、大きさ、厚みを揃えるように切る。小松菜なら根元は４～６つに割る。青梗菜なら根元はたて半分に切り、さらにたてに 4㎜幅に切る。
②フライパンを弱火にかけ、温まってきたらサラダ油、にんにくを入れる。
③油が熱くなり、にんにくの香りが立ったら、青菜を入れて強火にする。大きく混ぜながら 30 秒炒め、油が青菜にからんだら、鍋肌から熱湯を入れる。
④すぐにフタをし、フライパンをゆすりながら１～２分火にかける。緑色が鮮やかになり、青菜の固さがなくなる程度に火が通ったらフタを取る。
⑤フライパンを大きく５～６回あおるように炒め、青菜の間の水気をとばして塩をふり、皿にとる。

青菜炒めをシャキッと仕上げるポイント

青菜を入れたら強火に。
30秒炒めて油が
青菜にからんだら、
鍋肌から熱湯を入れる。
青菜は
大きさや厚みを
揃えて切る。
熱湯を入れた途端に
蒸気になるよう、
フライパンが十分に
熱くなっていること。
すぐにフタをして、ゆすりながら
1～2分火にかけてフタを取る。
このとき、フライパンに
水気がたまっていない
状態がよい。
フライパンを大きく5～6回あおって、
青菜の間の水気をとばす。
炒め過ぎると
余計に水が出てくる。

ねぎ焼きそば

めんはあまりいじらずこんがりと。炒め過ぎはめんがベタつく原因に

市販の中華蒸しめんを利用してフライパンで焼きそばを作ると、めんがベタベタした状態になってしまうことがあります。実はこれは、めんのかまい過ぎが原因。中華めんは表面の水分が潤滑油的な役割を果たしているので、炒めている間にこの水分をとばし過ぎると、めんとめんのでんぷん質がくっついてベタついてくるのです。

中華めんを上手に炒めるためには、まずめんをほぐし、電子レンジで3分間（600Wの場合）加熱しておくとよいでしょう。そして、フライパンを十分に熱したらごま油をなじませ、そこにめんを入れて広げ、フタをしてときどきフライパンをゆすりながら中火で焼いていきます。4〜5分たってめんがこんがりしたら、裏返し、軽く箸でさばいてさらにごま油を加え、フタをして同様に焼きます。めんを加熱するときに箸で絶えずいじっているとかえって時間がかかり、必要な水分もとんでしまうので、

ある程度放っておくのがコツ。「炒める」というよりは、「焼く」イメージです。
めんがこんがりしたら一度皿にとり、フライパンで豚肉、ねぎを炒めたあと、めんを戻して仕上げます。このときはあくまでも混ぜる程度に。ここで炒め過ぎると結局水分がとんでベタついてきます。

フライパン recipe

ねぎ焼きそば

準備　**24㎝のフライパン＋フタ**

材料

中華蒸しめん／１玉
豚ばら薄切り肉／100ｇ
長ねぎ／１本
ごま油／大さじ１
塩、こしょう／各少々

作り方

①中華蒸しめんはほぐして、600W の電子レンジで３分加熱する。豚肉は２㎝幅に切る。長ねぎは２㎜幅の斜め切りにする。
②フライパンを弱火にかけ、十分温まったらごま油大さじ 1/2 を入れてなじませる。めんを広げて入れ、フタをして中火にし、ときどきフライパンをゆすって、こんがりするまで４～５分焼く。焦げ過ぎるようなら火を弱くする。
③めんを返して軽くさばき、ごま油大さじ 1/2 を鍋肌から加えてフタをしてこんがりするまで焼いて取り出す。
④③のフライパンに豚肉を広げ入れ、脂が溶けてカリッとするまでじっくりと炒める。フライパンが熱くなっていくので、焦げないように少しずつ火を弱くする。
⑤豚肉に塩こしょうし、長ねぎを加えて中火にして、さっと炒め合わせる。めんを戻し入れ、混ぜる程度に炒めて皿にとる。

麻婆豆腐

水溶き片栗粉は火を止めて加える——が、ダマにならない鉄則

ピリッと辛みがきいている麻婆豆腐は、家庭で作る中華料理の中でも人気メニューのひとつ。本来は中華鍋で作るものですが、フライパンで作る人も多いでしょう。その場合、特に気をつけたいのが、最後の仕上げ。とろみを出すために、水溶き片栗粉を入れるときです。

ご存じの通り、水溶き片栗粉は注意して加えないとダマになってしまいます。特にフライパンは中華鍋よりも底が浅いため、水溶き片栗粉を入れるとあっという間に熱が伝わり、部分的に固まってしまうのです。

そこでフライパンで作る場合は必ず一度火を止めて、煮立っているのがおさまるのを待ちます。そして、一度に全部ではなく、まずは3分の2の量だけを加えるのです。よく混ぜてから再び加熱し、混ぜながら煮立ててとろみを出します。これでとろみ

が十分なら、火を止めて完成です。もしとろみが足りなければ、一度火から下ろし、残りの水溶き片栗粉を少し加えて同様に混ぜ、加熱して仕上げます。こうすると、一度に全部加えてしまうよりはダマになりにくく、ほどよい好みのとろみを出しやすくなります。

フライパン recipe

麻婆豆腐

準備　**24㎝のフライパン**

材料

木綿豆腐／300ｇ　　豚ひき肉／100ｇ
にんにくのみじん切り／1/2 かけ分
ごま油／大さじ 1/2　　豆板醤／小さじ 1
片栗粉／大さじ 1　　水／大さじ 2
長ねぎ（5㎜角の色紙切り）／10㎝

A
湯／1 カップ　　塩／小さじ 1/4
こしょう／少々　　砂糖／小さじ 1/2
オイスターソース／小さじ 1

作り方

①片栗粉と水を合わせて水溶き片栗粉を作る。フライパンを弱火にかけ、ごま油とにんにくを入れる。油が十分に熱くなり、にんにくの香りが立ったら豚ひき肉を加えて中火で炒める。
②豚ひき肉はほぐしながら、カリッとするまでしっかり炒め、豆板醤を加えてさらによく炒める。Aを加えてひと混ぜし、豆腐を加える。
③豆腐はヘラで 1.5㎝角くらいに切り、フライパンをゆすって全体に広げる。煮立ったら少し火を弱め、5 分ほど煮る。
④火を止めて、煮立つのがおさまったら、水溶き片栗粉を 2/3 量加え、よく混ぜる。中火にかけて、混ぜながら煮立て、ほどよいとろみがつけばできあがり。とろみが足りないようなら火から下ろし、残りの水溶き片栗粉を加えて同様に加熱し、好みの加減に仕上げる。
⑤長ねぎを加える。

トマトと卵の炒め物

「中華は強火」は忘れる。中火で炒めて、むやみに慌てなくていい

トマトの酸味と卵の味わいが絶妙にマッチした、トマトと卵の炒め物。シンプルな中華料理ですが、自分で作ってみると、トマトの口当たりが悪かったり、卵がぼろぼろに固まったりしがちです。

その最大の理由は、「中華は強火が鉄則」と思って、強火で調理してしまうから。これだとトマトの中まで加熱できず、卵がどんどん固まってしまいます。

トマトを炒めるときは、強火にして慌てて調理するより、中火で炒めはじめたほうがうまくいきます。ここでトマトにちゃんと火を通し、角が崩れてきたら調味料を加え、トマトから水気が出はじめたら強火にしてごま油を足します。トマトはそもそも水気が多い野菜なので、水分が出てもあまり気にする必要はありません。流れ出たうまみは、卵で包み込めばいいのです。

卵は、フライパンが十分に熱いところに流し入れますが、むやみに急いで混ぜるとぼろぼろになってしまいます。少し固まりはじめたのを確認してから、トマトを包み込むように大きく混ぜて仕上げていきましょう。これで、トマトが柔らかく、卵もふんわりとした、おいしい炒め物に仕上がります。

フライパン recipe

トマトと卵の炒め物

準備　**24㎝のフライパン**

材料

トマト（2㎝角に切る）／小２コ
にんにくのみじん切り／1/2 かけ分
溶き卵／３コ分
ごま油／大さじ１
長ねぎ（5㎜角の色紙切り）／10㎝

A
塩／少々
こしょう／少々
オリーブ油／小さじ１
砂糖／少々

作り方

①フライパンを弱火にかけ、ごま油大さじ 1/2 とにんにくを入れる。
②油が十分に熱くなり、にんにくの香りが立ったらトマトを加えて中火で炒める。
③トマトの角が崩れはじめたらＡを順に加えて炒める。
④トマトから水気が出はじめたら強火にし、ごま油大さじ 1/2 を足す。
⑤フライパンが十分熱いところに卵を流し入れ、卵が固まりはじめたらトマトを包み込むように大きく混ぜる。しっかりと炒め合わせ、長ねぎを加えて混ぜる。

チヂミ

油を熱したフライパンは、一度火からはずして生地を入れる

チヂミは、小麦粉に卵と水を合わせた生地に好みの具を入れ、ごま油で焼き上げて作ります。さまざまなタイプがありますが、やはりお店でよく見かけるような、具だくさんのチヂミが人気が高いようです。

ところが、この具だくさんのチヂミは、自分で焼いてみるとなぜかお店のようにきれいに焼けません。それは、生地を流し入れるとき、フライパンが熱くなり過ぎていることが多いから。こうなると生地がすぐに固まってしまって、きれいに広げることができないのです。

チヂミを焼くときは、フライパンを弱火にかけ、ごま油を入れて十分に熱したあと、一度フライパンを火からはずすのがポイントです。そして、まずは生地の部分だけを流し入れ、フライパンを回して生地を全体に広げてから、すぐに残った具を均等にの

せるのです。こうすれば、生地が薄く広がり、お店のようにきれいな形になります。

あとはフタをして中火で焼いていきます。最初に2～3分焼いて、フライパンをゆすって生地が動くようになったら、弱火にして5～6分焼きます。裏面もこんがり焼けたらごま油を回し入れて中火にし、カリッとしてきたら完成です。

フライパン recipe

チヂミ

準備　24cmのフライパン+フタ

材料

にら（3cm幅に切る）／1/2 束
長ねぎの斜め薄切り／1/2 本分
にんじんの細切り／1/6 本分
豚ばら薄切り肉（1cm幅に切る）／30ｇ
ごま油／大さじ 2

A
薄力粉／50ｇ　　卵／1コ
水／1/2 カップ　　塩／少々

作り方

①Aをなめらかになるまで混ぜ合わせ、30 分おく。
②①ににら、長ねぎ、にんじん、豚肉を加えてよく混ぜる。
③フライパンを弱火にかけ、ごま油大さじ 1 を入れて十分に熱する。
④フライパンを火からはずし、②の生地だけを流し入れ、フライパンを回して全体に広げる。すぐに残った具を広げて入れる。
⑤④を中火にかけ、フタをして 2 ～ 3 分焼く。フライパンをゆすって生地がすっと動くようになったら、弱火にして 5 ～ 6 分焼く。
⑥表面が乾いたら裏返し、フタをして 3 ～ 4 分焼く。こんがりと焼けたら、鍋肌からごま油を回し入れ、中火にしてカリッと焼き上げる。

パスタ

ソースにパスタを合わせるときは、火を止めてから

パスタ料理でありがちな失敗は、パスタに熱が入り過ぎて、ベタベタした食感の悪い状態になってしまうこと。

この失敗を招くありがちな間違いが、パスタをソースにからめるときに加熱してしまう作り方です。こうすると、せっかくアルデンテにゆでたパスタに熱が入り過ぎて、すっかりコシがなくなってしまいます。

ですから、フライパンでソースを作ったあと、そこへパスタを入れて仕上げるときは、火を止めて行うのが鉄則。加熱はせず、しっかりソースとパスタをからめればできあがりです。

どのソースでパスタを食べる場合も、この鉄則は基本的に共通です。ゆで上がったパスタは決して炒めないのが、本場イタリア流です。

ペペロンチーノ

にんにくが焦げそうになったら、フライパンを濡れぶきんにとって待機

パスタ料理で出来を左右するのが、スパゲティがゆであがるタイミングです。ペペロンチーノの場合、スパゲティをゆでている間に、頃合いを見計らってフライパンでオリーブ油、赤唐辛子、にんにくを熱して香りを立て、そこへゆで上がったスパゲティを移して混ぜ合わせるのがベスト。でも、このタイミングが合わなくて、にんにくを焦がしてしまった経験はありませんか？

もし、スパゲティがゆで上がる前ににんにくが色づいてしまったら、フライパンを火からはずして濡れぶきんの上におき、スパゲティがゆで上がるまで待機させておきましょう。

このとき、フライパンを火から下ろしただけではだめです。オイルが十分に温まっている状態でにんにくが焦げはじめると、フライパンを火から下ろしても、余熱によ

ってどんどんにんにくが焦げてしまうからです。

つまり、「あ、焦げはじめた！」と思ってからでは遅いので、その直前に火から下ろして濡れぶきんで熱を抑えるのです。そこへゆで上がったスパゲティを入れて混ぜ合わせ味を調えれば、にんにくの香りが食欲をそそる、ペペロンチーノの完成です。

フライパン recipe

ペペロンチーノ

準備　**24㎝のフライパン＋濡れぶきん**

材料

スパゲティ／80ｇ
オリーブ油／大さじ２
赤唐辛子（ちぎって種を取る）／１本
にんにくのみじん切り／１かけ分
塩／少々
イタリアンパセリのみじん切り／適量

作り方

①スパゲティをゆではじめる。
②フライパンを弱火にかけ、オリーブ油、赤唐辛子、にんにくを入れる。ときどきフライパンをゆすりながら、ゆっくりと熱して香りを立てる。
③にんにくがこんがりと色づいたら、ゆでたスパゲティの湯をきって加え、火を止めて混ぜ合わせる。スパゲティがゆで上がる前ににんにくが色づいたら、フライパンを火からはずして濡れぶきんの上におく。ゆで上がりに合わせて弱火で再加熱して、にんにくが焦げはじめる前に火を止めてスパゲティを加える。
④塩で味を調え、イタリアンパセリを混ぜる。

フライパンは弱火にかけて、
オリーブ油、赤唐辛子、
にんにくをゆっくりと熱して
香りを立てる。

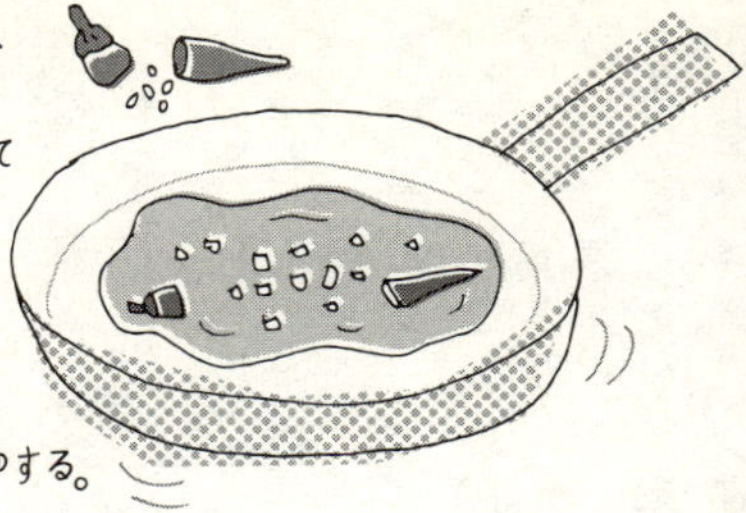

olive oil

ときどき
フライパンをゆする。

パスタが間に合わないときは——

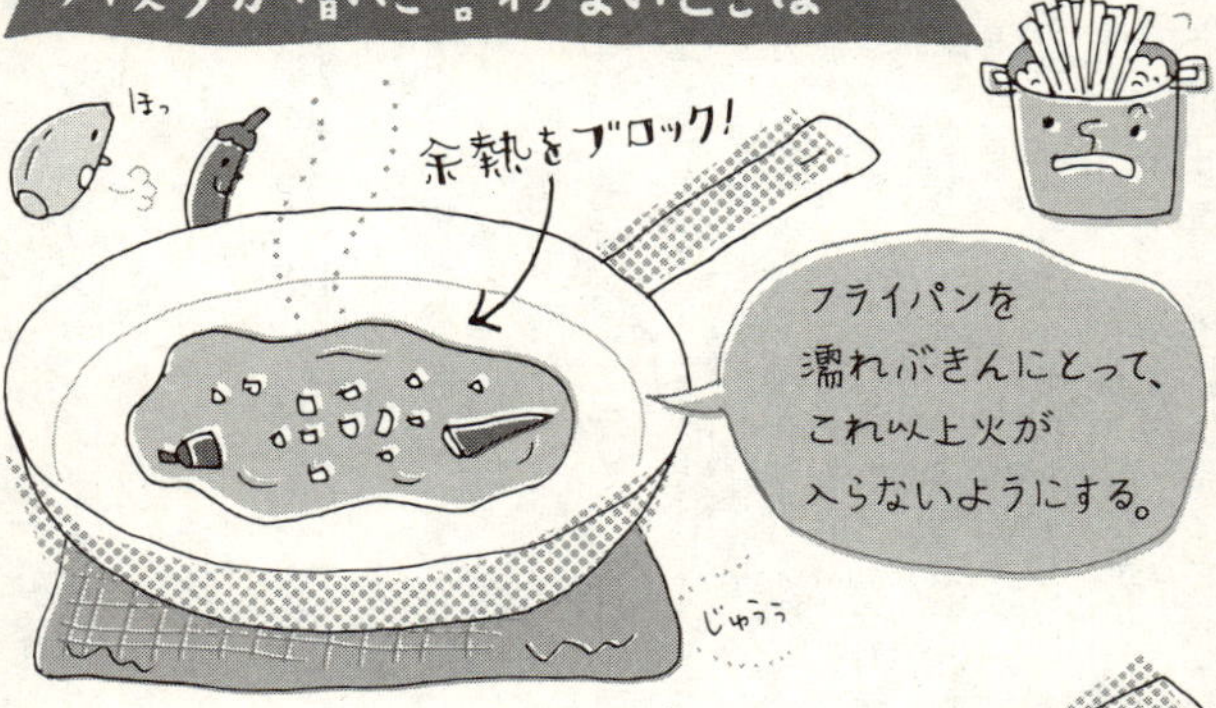
ほっ
余熱をブロック!
フライパンを
濡れぶきんにとって、
これ以上火が
入らないようにする。
じゅううう

ゆで上がりに合わせて
弱火で再加熱。
十分熱くなり、にんにくが
焦げはじめる前に
パスタを投入。

投入!
止める ← 弱火

ミートソース

材料や調味料は、加えるたびにしっかりと炒め合わせる

せっかくミートソースを作っても、「材料を揃えてレシピ通りに作ったのに、なぜかソースと具がなじまず、味にコクがない」と感じたことがある人は多いでしょう。そんな失敗を防ぐためには、材料や調味料をフライパンに入れるたびに、それぞれしっかりと炒めていくことが大切です。まず、牛肉は中火で、脂が溶け出してカリッとするまでしっかりと炒め、肉の臭みをとばします。野菜のみじん切りを加えたら少し火を強くして、水気をとばすような感じで玉ねぎがしんなりするまでよく炒めます。

そして、ここからが特にポイントです。スパイスは加熱することで香りが出てくるので、ローリエ、ナツメグを加えたら一度しっかり炒めます。ワインも同様です。フライパンに加えたら、香りが立つように、一度しっかり煮立てましょう。トマトジュースとケチャップなどの調味料を加えていくときも、一度にみんな入れてしまうので

はなく、ひとつ入れるたびに、しっかり炒め合わせ、全体に味をよくなじませることが大切です。こうすることで、トマトの余分な酸味もとばすことができるし、味と香りが全体になじみ、一体感のあるおいしいソースになるのです。最後に7〜8分煮詰めて仕上げますが、このとき汁気が多いようなら、途中で中火にしましょう。

フライパン recipe

ミートソース

準備　**フライパン**

材料

牛ひき肉／150g
にんにくのみじん切り／1/2かけ分
玉ねぎのみじん切り／2/3コ分
セロリのみじん切り／1/5本分
オリーブ油／大さじ1/2　ローリエ／1/2枚
ナツメグ／少々　赤ワイン／大さじ2

A	トマトジュース（無塩）／3/4カップ トマトケチャップ／大さじ2 ウスターソース／大さじ1　砂糖／小さじ1/4

作り方

①フライパンを弱火にかけ、オリーブ油を入れてなじませる。にんにくを入れて炒め、油が熱くなり、香りが立ったら、牛ひき肉を入れて中火で炒める。ひき肉のかたまりをほぐし、焼きつけるように炒める。脂が溶け出し、カリッとするまでしっかりと炒める。
②玉ねぎ、セロリを加えて少し火を強くし、水気をとばすように炒める。水気がとんでパチパチはじけてきたら中火にし、玉ねぎがしんなりするまで炒める。
③ローリエ、ナツメグを加えて炒め、ワインを加えて煮立てる。
④Aを順に加え、加えるたびに炒め合わせる。
⑤弱火にし、静かに煮立つくらいの火加減で、汁気がほぼなくなるまで7〜8分かけて煮詰める。

きのこのマリネ

こんがり焼けたら、水が出はじめるサイン。強火で水分をとばすこと

前菜や付け合わせ、ワインのおつまみとして活躍する、きのこのマリネ。マッシュルームなどのきのこ類は、オリーブ油で炒めている間に、水っぽくなることが多いのが難点です。

きのこ類を上手に焼くコツは、中火で加熱してから最後に強火にして焼き上げること。こうすると、水っぽくなく、ふっくらした仕上がりになります。

まず、フライパンを弱火にかけて十分に熱したらオリーブ油をなじませ、きのこを入れてなるべく重ならないように手早く広げます。ハーブ類をのせ、フタをして中火にします。

ときどきフライパンをゆすって3~4分加熱し、きのこがこんがりしていたらフタを取ります。きのこから水が出はじめるので、強火にして水気をとばしていきます。

きのこを返し、裏側も1～2分焼き上げます。

このとき、もし焼き色がついていなくても、そのまま仕上げましょう。それ以上火を入れても、水が出てきのこがやせてくるだけです。塩こしょうしたら火を止め、酢を混ぜれば、ふっくらおいしいきのこのマリネのできあがりです。

フライパン recipe

きのこのマリネ

準備　**26㎝フライパン＋フタ**

材料

マッシュルーム／10コ
エリンギ／1パック
オリーブ油／大さじ2
ローリエ／少々
タイム／少々
塩／少々
粗びきこしょう／少々
酢／大さじ1

作り方

①マッシュルーム、エリンギはたて7㎜厚さに切る。
②フライパンを弱火にかけ、十分温まったらオリーブ油を入れてなじませ、①のきのこをなるべく重ならないように手早く広げ入れる。ローリエ、タイムをのせる。フタをして中火にし、ときどきフライパンをゆすって3～4分蒸し焼きにする。
③こんがり焼けたらフタを取り、強火にしてきのこを裏返し、きのこから出はじめる水分をとばすように1～2分焼いて、こんがりさせる。
④塩こしょうし、火を止めて酢を混ぜる。

目玉焼き

目玉焼きを焼くとき、水を加えてフタをする…はNG!

目玉焼きといえば、朝食メニューの定番中の定番。シンプルな料理ですが、白身が焦げて固くなったり、反対に水っぽくなったりしがちです。

おいしい目玉焼きを焼くためには、まず、フライパンを弱火で十分に熱します。しっかり温まったら、できるだけ薄く、ムラなく油をなじませ、余分な油はキッチンペーパーで拭き取っておきましょう。

そして、最大のコツは、卵を入れたらすぐにフタをすること! このとき、フライパンがちょうどよい温度になっていると、卵を入れた瞬間に静かにジュッといいます。

この焼き方は、卵そのものから出る水蒸気をフライパンの中に閉じ込めることで、水を加えなくても卵を蒸し焼きに近い状態にします。ですから、フライパンが十分に温まっていることが大切なのです。

あとは、できるだけ弱火にして、じっくり8～10分加熱します。白身が柔らかく固まって、黄身が好みの状態になったら完成です。

卵を蒸し焼きにするときに水を加える人が多いようですが、それだと白身が水っぽくなってしまいます。それよりは、この焼き方のほうがおいしく焼けます。

フライパン recipe

目玉焼き

準備　**20㎝のフライパン＋フタ**

材料

卵／1コ
サラダ油／適量

作り方

①フライパンを弱火にかけ、十分温まったらサラダ油を入れ、できるだけ薄くムラなくなじませる。余分な油はキッチンペーパーで拭き取る。
②卵を割り入れ（静かにジュッという）、すぐにフタをする（水蒸気を閉じ込めて、表面からも加熱）。
③できるだけ弱い火加減で、8～10分かけてじっくりと焼いていく。
④白身が柔らかく固まったら、黄身が好みの固さになるまで火を通す。

スクランブルエッグ

底からまんべんなく手早く混ぜて、底を常に半熟状に保つ

一見、簡単なようで、とても奥が深いスクランブルエッグ。全体に火が入り過ぎてぼろぼろになったり、部分的に固まってしまったりして、均一にふんわり仕上げるのはなかなか難しいものです。

ふわふわ食感のスクランブルエッグを作るには、熱の入り方を均一に保つことが何より重要です。よく「強火で手早く卵を混ぜて仕上げる」と言いますが、それだとなかなか手が追いつかず、あっという間に部分的に火が通ってしまいます。

一度固まってしまった部分はもはや半熟状態には戻せませんから、無理に強火にこだわらず、扱いやすい火加減で作ったほうが失敗がありません。

フライパンを十分に予熱したら、バターが焦げないくらいの中火にして、バターが半分溶けたところで卵を流し入れ、少しだけ火を強めます。そして、常にフライパン

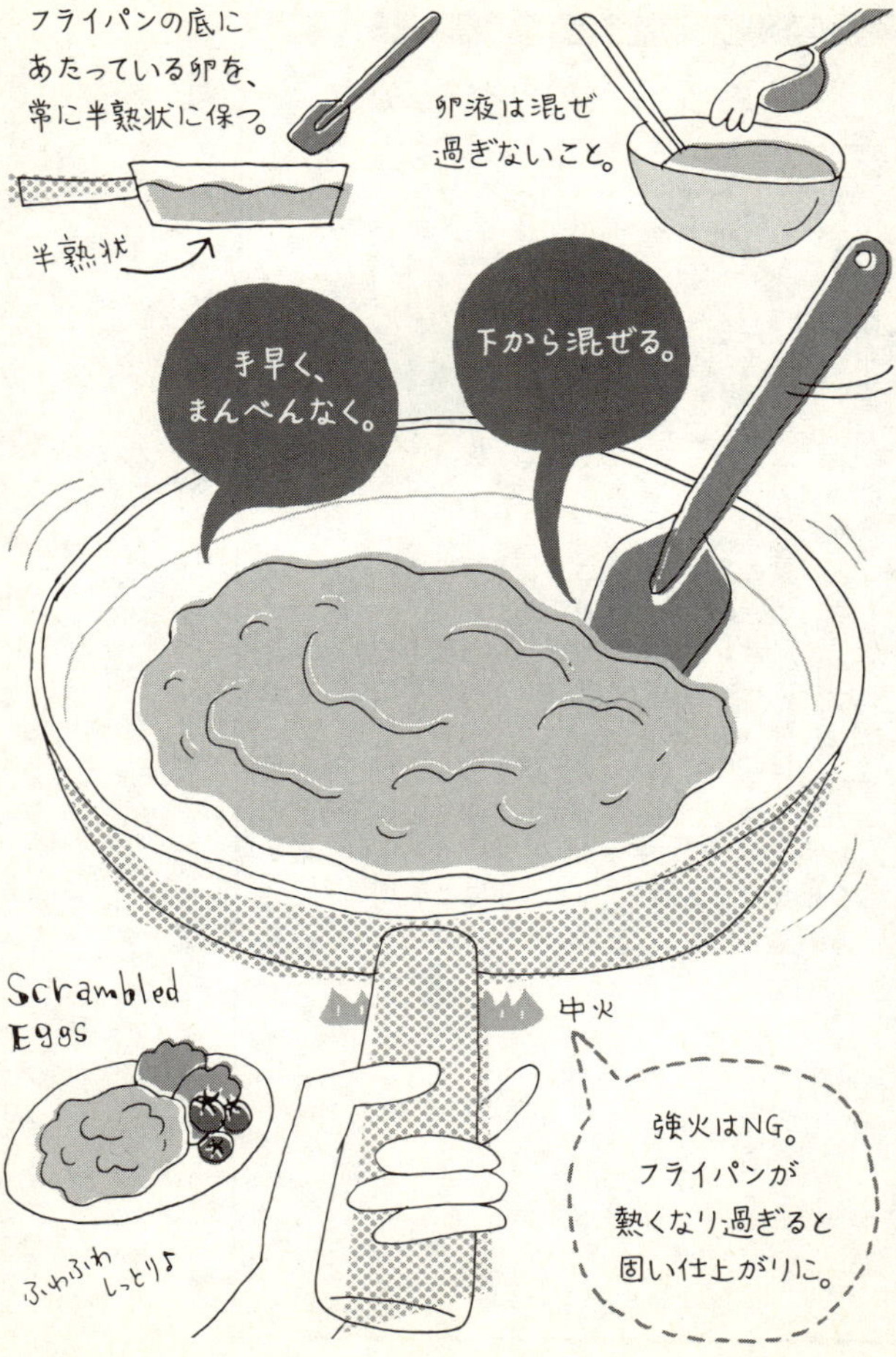
フライパンの底に
あたっている卵を、
常に半熟状に保つ。
半熟状
卵液は混ぜ
過ぎないこと。
手早く、
まんべんなく。
下から混ぜる。
Scrambled
Eggs
中火
強火はNG。
フライパンが
熱くなり過ぎると
固い仕上がりに。
ふわふわ
しっとり♪

の底にあたっている卵が半熟状であるように、手早く、まんべんなく混ぜながら加熱していくのです。

このとき、フライパンが熱くなり過ぎると仕上がりが固くなるので、フライパンを常に動かして、熱の入り加減を調節しながら仕上げていきましょう。

フライパン recipe

スクランブルエッグ

準備　20cmのフライパン

材料

卵／２コ
牛乳／大さじ２
塩、こしょう／各少々
バター／大さじ１

作り方

①卵は黄身と白身が混ざる程度に溶きほぐし、牛乳、塩、こしょうを加える。
②フライパンを弱火にかけ、十分温まったらバターを入れて中火にし、フライパンをゆすって全体になじませる。
③バターが半分溶けたら、①を流し入れ、少し火を強くする。常にフライパンに接している下部の卵を半熟状に保ちながら、下から手早く混ぜ、全部がとろりと固まったら皿にとる。

チキンソテー

皮がこんがり焼けたら、裏返してフタをして中まで火を通す

肉にそこそこの厚みがあるチキンソテーは、表面がちょうどよい焼き具合でも、中が半生ということがよくあります。中まで火を通そうとしたら、表面が焦げてしまったということもあるでしょう。チキンソテーを上手に焼くには、火加減はもちろん、裏返してフタをするときのタイミングが大切なのです。

まず、フライパンを十分に予熱したら油をなじませ、下ごしらえしておいた鶏肉を皮を下にして並べ、中火にします。フライパンをゆすって火のあたりを均一にしつつ、皮のほうにこんがりと焼き色がつくまで4～5分焼きます。

ポイントは、裏返したら、すぐにフタをして弱火で3～4分蒸し焼きにすることです。このとき、反対側もこんがり焼いてからフタをすると、中まで火を通したとき、そちら側に火が入り過ぎて焦げてしまいます。反対にこのタイミングでフタをして弱

火で蒸し焼きにすると、中も表面も、ちょうどよい具合に火が入ります。
臭いがこもるのでフタをしたくないという人もいますが、フタを使わないと火加減がいっそう難しくなるので、フタを使うことをおすすめします。フライパンに水分が出た場合は、フタを取って強火にし、水気をとばして焼き上げれば完成です。

フライパン recipe

チキンソテー

準備　**24㎝のフライパン＋フタ**

材料

鶏もも肉／１枚
薄力粉／適量
サラダ油／大さじ 1/2

A
- 塩／少々
- こしょう／少々
- おろしにんにく／少々

作り方

①鶏肉は、厚いところを切り開いて厚みを均一にする。このとき脂肪も取り除く。６等分に切って、Aをもみ込む。
②フライパンを弱火にかけ、十分温まったらサラダ油を入れてなじませる。
③①の鶏肉に薄力粉をつけ、余分な粉を落として、②のフライパンに皮目を下にして並べ入れ、中火にする。ときどきフライパンをゆすって、皮にこんがりと焼き色がつくまで４〜５分焼く。
④鶏肉を裏返し、フタをして弱火で３〜４分焼いて火を通す。フライパンに水分があるようなら、フタを取って強火にし、水気をとばして焼き上げる。

下味をつけて
粉をつけた鶏肉を、
皮目を下にして入れる。
ときどきゆする
皮がこんがり
焼けるまで4～5分。
Flour
中火
すぐに!
ここポイント!
鶏肉を
裏返して、
すぐに
フタをする。
弱火で
3～4分。
弱火
フライパンに
水分があるなら、
フタを取って強火にし、
水気をとばす。
強火

しょうが焼き

肉は重ねない、動かさないが、おいしく焼き上げるポイント

晩ごはんやお弁当に大活躍のしょうが焼きですが、家庭で作ると、「焼く」というよりは漬けダレで煮ているような感じになりがちです。

そうならないためには、まず、味のつけ方にコツがあります。ボウルに豚肉を入れ、調味料を合わせて作ったタレを少々加えて肉にもみ込んだら、そのまま10分ほどおきます。そして、肉が調味料をすっかり吸って汁気がない状態になってから焼きはじめるのです。

また、予熱したフライパンに豚肉を入れるときは、できるだけ重ならないように広げること。焼くときは、ときどきフライパンをゆする程度で、箸などを使って肉をあまり動かさないことがコツです。しょうが焼きはその名の通り、炒めるのではなく、本来、肉を焼いて作る料理なのです。

豚の脂が溶けて端のほうがカリッとし、全体がこんがり焼けてきたら裏返し、反対側も同様に焼きます。両面焼けたら、タレをフライパンに入れると同時に強火にして、水分をとばしながら肉にタレをからめて焼き上げます。

これで、肉が香ばしくカリッと焼けた、しょうが焼きの完成です。

フライパン recipe

しょうが焼き

準備　**24㎝のフライパン**

材料

豚ロース肉（しょうが焼き用）／４枚
サラダ油／大さじ 1/2

A
しょうがのすりおろし／大さじ１
酒／大さじ 1/2
しょうゆ／大さじ１
みりん／大さじ 1/2

作り方

①Aを混ぜ合わせる。
②豚肉は筋切りして、①を大さじ１もみ込み 10 分おく。肉が調味料を吸って、汁気はなくなる。
③フライパンを弱火にかけ、十分温まったらサラダ油を入れてなじませる。油が熱くなったら②の豚肉を重ならないように広げ入れる。ときどきフライパンをゆする程度で、肉はあまり動かさないで焼く。肉の脂が溶けて端のほうがカリッとし、こんがり焼き色がついたら裏返す。
④裏側にも焼き色がついたら、残りの①を加えて強火にし、全体にからめて焼き上げる。

魚の照り焼き

調味料を入れるのは、フライパンにたまった魚の脂を拭き取ってから

甘辛いタレでごはんが進む魚の照り焼きは、上手な焼き方を覚えておきたい和食メニューのひとつでしょう。タレがよくからんで魚がパリッと焼けているのが理想ですが、いまひとつ味がからんでいなかったり、表面が焦げてしまうことがよくあります。

魚の焼き方は、特に難しくはありません。まず、フライパンを十分に熱して油をなじませたら、魚を表を下側にして入れます。ときどきフライパンをゆすりながら４～５分焼き、こんがりと焼き色がついたら裏返し、３～４分で焼き上がりです。

大事なのは、ここから。合わせておいた調味料をフライパンに加える前に、魚から出た脂をキッチンペーパーなどを使ってしっかり拭き取るのです。

ぶりやさけは脂が多いので、そのままの状態で調味料を入れてしまうと味が魚にうまくからみません。しかも、脂と調味料が合わさると、非常に焦げやすくなってしま

います。
脂を拭き取って調味料を入れたあとは、フライパンをゆすりながら魚全体に味をからめてできあがりです。からめるときは手早く仕上げましょう。

フライパン recipe

魚の照り焼き

準備 **20㎝のフライパン**

材料

魚（ぶり、さけなど）／２切れ
サラダ油／大さじ 1/2

A
しょうゆ／大さじ１
みりん／大さじ 1/2
酒／大さじ 1/2
砂糖／小さじ 1/2

作り方

①Aを混ぜ合わせ、砂糖を溶かす。
②フライパンを弱火にかけ、十分温まったらサラダ油を入れてなじませる。
③魚の水気を拭き取り、盛りつけるときに表になるほうを下にして②のフライパンに入れる。ときどきフライパンをゆすって４～５分焼く。こんがりと焼き色がついたら裏返し、焼き色がつくまで３～４分焼く。
④フライパンにたまった脂を拭き取り、①を加える。フライパンをゆすって全体にからめ、照りよく焼き上げる。

炒り鶏

材料をひとつずつ炒めていって、最後にあおって照りをつける

材料を炒めてから煮て調理する炒り鶏は、フライパンを使って作ると便利です。
ただし、おいしく作るためには、材料をひとつずつしっかり炒めていくことが大切。
「どうせ最後に煮るから、一緒に入れても同じでしょ?」という声が聞こえてきそうですが、それではそれぞれの材料にしっかり油が染みないので、照りが出ず、味もしっかり入っていきません。

まず、フライパンを十分に熱して油をなじませたら、鶏肉をこんがりするまでしっかり炒めます。鶏から出た脂は余分なので、キッチンペーパーなどを使ってしっかり拭き取りましょう。次にごま油を入れて、野菜やこんにゃくを、まわりにツヤが出るまで炒めます。このとき、下ゆでしてあるものも、しっかり炒めます。

煮るときは、煮汁が煮詰まってきたら、上下を返すようにときどき混ぜるのがコツ

です。「煮物は放っておく」という人がいますが、炒り鶏は短時間で仕上げるものなので、ときどき様子を見ながら混ぜたり返したりしないと味が均一になりません。
ほとんど汁気がなくなったら、みりんを加えて照りをつけます。最後にフライパンを大きくあおって汁気をとばせば、しっかり味の入った照りのある炒り鶏になります。

フライパン recipe

炒り鶏

準備　**24㎝のフライパン（材料がひと並べになる大きさ）**

材料

鶏もも肉／1枚	ごぼう／1/4本
にんじん／1/2本	れんこん／1/3節
こんにゃく／1/2枚	サラダ油／大さじ1/2
ごま油／小さじ1	だし汁／1/2カップ
砂糖／大さじ1	みりん／大さじ2 1/2
塩／小さじ1/2	しょうゆ／大さじ1

作り方

①鶏もも肉はひと口大に切る。ごぼう、にんじん、れんこんはひと口大の乱切りにする。こんにゃくはひと口大に切り、下ゆでする。
②フライパンを弱火にかけ、十分温まったらサラダ油を入れてなじませる。鶏肉を入れて中火にし、こんがりするまでしっかりと炒める。
③鶏肉から溶け出た脂を拭き取り、ごま油を加えてなじませる。ごぼう、にんじん、れんこん、こんにゃくを加え、野菜にツヤが出るまで炒める。
④だし汁を注ぎ、砂糖、みりん大さじ1を加える。ときどき混ぜながら5～6分煮て、甘みを含ませる。塩、しょうゆを加え、さらに4～5分煮る。煮汁が煮詰まってくるので、上下を返すようにときどき混ぜる。
⑤ほとんど汁気がなくなったらみりん大さじ1 1/2を加えて全体にからめ、フライパンを大きくあおって汁気をとばし、照りよく仕上げる。

肉じゃが

肉を先に入れてうまみを引き出し、臭みをとばす

肉じゃがも、フライパンを使うと作りやすいお惣菜のひとつです。材料を炒める、煮る、味を含ませるといった一連の調理が、すべてフライパンひとつでできます。肉じゃがにはいろいろな作り方がありますが、フライパンを熱して油をなじませたら、先に牛肉を中火で炒めるのがおすすめです。脂が溶けてカリッとするまで炒めることで、牛肉のうまみを引き出し、肉の臭みをとばしてしまうのです。また、あとからじゃがいもを入れるほうが、いもの煮崩れも防げます。

そして、忘れてはならないのが、落とし蓋です。材料をすべて炒め、湯と調味料を加えて煮るときは必ず落とし蓋をします。ときどき混ぜることも大切ですが、落とし蓋があることで味が均一にしっかりいきわたり、煮崩れも防げます。

じゃがいもに火が通ってほどよく煮詰まったら火を止めますが、落とし蓋をしたま

ま冷ますのが最後のコツです。肉じゃがは冷めていく間に味が染みていくので、一度完全に冷ましたほうがおいしくなります。落とし蓋がしてあれば表面が乾かないし、味が食材にしっかり入っていきます。食べる直前に温め直せば、ホクホクで肉のうまみたっぷりのおいしい肉じゃがの完成です。

フライパン recipe

肉じゃが

準備　22㎝のフライパン＋落とし蓋

材料

じゃがいも／４コ
玉ねぎ／2/3 コ
牛こま切れ肉／100ｇ
サラダ油／大さじ１
酒／大さじ１
湯／適量
砂糖／大さじ 1/2
しょうゆ／大さじ１

作り方

①じゃがいもはひと口大に切り、水洗いして水気をきる。玉ねぎは７～8㎜幅の細切りにする。
②フライパンを弱火にかけ、十分温まったらサラダ油を入れてなじませる。牛肉を入れて中火にし、肉の脂が溶け出してカリッとするまで炒める。
③じゃがいもを加え、表面が透き通り、少しこんがりするまでしっかり炒める。玉ねぎを加え、しんなりするまでさらに炒める。
④酒を全体にふりかけてからめ、アルコール分がとんだら湯をひたひたに注ぐ。煮立ったら少し火を弱めてアクを取り、砂糖を加えて落とし蓋をし、７～８分煮る。しょうゆを加え、ときどき混ぜながらさらに４～５分煮る。
⑤じゃがいもが煮えてほどよく煮詰まったら火を止め、落とし蓋をしたままで冷ます。完全に冷めるまで、ときどき上下を返す。

パンケーキ

2枚目を焼くときは、フライパンを濡れぶきんにとって温度を下げる

そのままはもちろん、生クリームやフルーツを添えるといっそうおいしいパンケーキは女性に大人気。「自分で焼いて好きなだけ食べたい！」という人もいるでしょう。でも、なぜか家庭だと、いまひとつきれいに焼けないもの。いったいどうすればお店のように両面がきれいなきつね色に焼けるのでしょうか。

パンケーキをきれいに焼き上げるためのフライパン使いのポイントは、大きく2つあります。

まずは、フライパンを十分に熱したら、油を薄くひいてよくなじませること。全体によくなじんでいないと、熱にムラができるため、焼き色がまだらになります。

もう1つは、2枚目以降を焼くときはフライパンが熱くなり過ぎているので、油をなじませたあと、一度火からはずして濡れぶきんにとること。フライパンが熱いまま

きれいなパンケーキを焼くには

ポイント1

フライパンを十分に熱して、
油を薄くなじませる。

こうしないと、
焼き色がまだらに！

ポイント2

2枚目以降は、油をなじませたら、
火から下ろして濡れぶきんにとる。

これをしないと、
ところどころ
焦げる。

フライパンが
熱くなり過ぎて
いるので、
温度を下げる。

生地を流し込んでしまうと、ところどころが焦げてしまうのです。

火からはずしただけではフライパンの温度はなかなか下がらないので、濡れぶきんを使って、しっかり温度を落ち着かせましょう。

この2点に注意するだけで、パンケーキの焼き上がりは、ぐっと違ってきます。

フライパン recipe

パンケーキ

準備　20㎝のフライパン＋フタ＋濡れぶきん

材料

卵／1コ
牛乳／3/4カップ
バニラエッセンス／少々
サラダ油／少々

A
強力粉／100ｇ
砂糖／大さじ2
塩／少々

作り方

①大きめのボウルにAをふるい合わせる。
②①に卵、牛乳、バニラエッセンスを加えて泡立て器でよく混ぜ、なめらかなとろりとした生地を作る。1時間休ませる。
③フライパンを弱火にかけ、十分温まったらサラダ油を薄くひいてなじませる。②の生地を好みの大きさに流し入れ、中火にしてフタをする。
④表面にプツプツ穴があいてきたら裏返して、薄く焼き色がつく程度にさっと焼いて取り出す。
⑤フライパンが熱くなり過ぎているので、続けてもう1枚焼くときは、油をなじませたら、一度濡れぶきんにとって生地を流し入れてから同様に焼く。

青春文庫

これは便利《べんり》！
フライパンひとつで
77の裏《うら》ワザ

2014年 9月20日 第1刷

著　者　検《けん》見《み》﨑《ざき》聡《さと》美《み》

発行者　小澤源太郎

責任編集　株式会社プライム涌光

発行所　株式会社青春出版社

〒162-0056　東京都新宿区若松町 12-1

電話 03-3203-2850（編集部）

03-3207-1916（営業部）

振替番号　00190-7-98602

印刷／共同印刷

製本／フォーネット社

ISBN 978-4-413-09605-8

ほんとうのあなたに出逢う ◆ 青春文庫

地理から読みとく世界史の謎

スペイン語を使う国が多い南米で、
なぜブラジルはポルトガル語圏？
目からウロコ！ 楽しく教養が身につく本

歴史の謎研究会［編］

（SE-600）

たった1秒 iPhoneのスゴ技130

そんな使い方では
もったいない！
〝裏ワザ〟〝㊙ワザ〟を一挙に公開！

戸田 覚

（SE-601）

進撃の巨人「壁」の向こうの真実

故郷の戦士、座標の力、獣の巨人——
「最大の謎」を、あなたは確実に
見落としている！

巨人の謎調査ギルド

（SE-602）

日本人なら知っておきたい！所作の「型」

「型」は見た目の美しさ、「粋」は
心くばりの美しさ！ 世界が注目する
日本人の礼儀、品性、美意識とは…

武光 誠

（SE-603）